Ingo Knoll

Kann die digitale Transformation die ländlichen Regionen retten?

Am Beispiel der Region Oberfranken

Bibliografische Information der Deutschen Nationalbibliothek:

Die Deutsche Nationalbibliothek verzeichnet diese Publikation in der Deutschen Nationalbibliografie; detaillierte bibliografische Daten sind im Internet über http://dnb.d-nb.de abrufbar.

Impressum:

Ein Imprint der GRIN Publishing GmbH, München

Druck und Bindung: Books on Demand GmbH, Norderstedt, Germany

Covergestaltung: GRIN Publishing GmbH

Zusammenfassung

Der ländliche Raum in Deutschland ist immer mehr von soziodemografisch negativen Entwicklungen wie Wegzug der Bevölkerung und Überalterung der Wohnbevölkerung betroffen. Damit wird die Aufrechterhaltung der Infrastrukturen und die Sicherstellung allgemeiner Daseinsvorsorge bedroht und die Gleichwertigkeit der Lebensverhältnisse ist nicht mehr gegeben.

Dieser Entwicklung gegenüber steht der Megatrend der digitalen Transformation, der alle Lebensbereiche unserer Gesellschaft nachhaltig und zum Teil disruptiv beeinflusst.

Deshalb wir hier untersucht, welche Methoden und Prozesse der Digitalisierung speziell die Herausforderungen der „Rural Areas" mit besonderem Fokus auf die Region Oberfranken lösen können.

Es erfolgt zunächst eine Bezugnahme auf das Thema der „Smart Cities", um dann einzelne Handlungsfelder ländlicher Problemstellungen mit den dort existierenden Projekten digitaler Transformation zu analysieren und deren Potentiale zu beurteilen.

Die Untersuchung kommt zu dem Ergebnis, dass in Deutschland eine Vielzahl lokaler Digitalisierungs-Einzelprojekte stattfinden, die nicht über die Projektphase hinauskommen und oft auch ohne notwendige Vernetzung zu anderen Handlungsfeldern existieren.

Die Arbeit gibt schließlich Handlungsempfehlungen, welche Grundvoraussetzungen die öffentliche Hand schaffen muss, damit die digitale Transformation im ländlichen Raum erfolgreich gelingen kann.

Abstract

The rural area in Germany is increasingly affected by sociodemographic negative developments such as population withdrawal and aging of the resident population. This threatens the maintenance of infrastructures as well as the ensuring of services of general interest and the equality of living conditions is no longer given.

Opposite this development is the megatrend of digital transformation, which has a lasting and in part disruptive effect on all spheres of life in our society.

Therefore, here is investigated which methods and processes of digitization can specifically solve the challenges of the "rural areas" That is why it is investigated here which methods and processes of digitization can solve the challenges of the "Rural Areas" with a special focus on the region of Upper Franconia.

First of all, a reference is made to the topic of "smart cities" in order to then analyze individual fields of action of rural problems with the existing projects of digital transformation and to evaluate their potentials.

The study comes to the conclusion that a large number of local digitization individual projects are taking place in Germany, which do not go beyond the project phase and often also exist without necessary networking with other fields of action.

Finally, the paper gives recommendations for action which basic requirements the public sector must create in order for the digital transformation in rural areas to succeed successfully.

Inhaltsverzeichnis

Zusammenfassung III

Abstract IV

Abbildungsverzeichnis VII

Tabellenverzeichnis IX

Abkürzungsverzeichnis X

1 Einleitung 1

1.1 Das Kapitel eins 1

1.2 Warum die Situation auf dem Land besorgniserregend ist 4

1.3 Der Traum vom Leben in der Landidylle 11

1.4 Digitalisierung als Allheilmittel? 13

1.5 Eine neue Idee: Digitale Transformation ländlicher Regionen 16

2 Smart City Konzepte als Vorläufer und Wegbereiter der Smart Country Side 17

2.1 Top Down: Die Konzepte der Smart Cities und ihr Einfluss auf die Smart Country Side 17

2.2 Smart City versus Smart Region: Unterschiede und Gemeinsamkeiten 26

3 Der Weg zur digitalen Transformation des ländlichen Raumes 28

3.1 Was man unter „ländlichem Raum" verstehen kann 28

3.2 Was man unter „Digitaler Transformation" verstehen kann 31

3.3 Smarte Begriffsvielfalt 34

3.4 Die Politik als Impulsgeber digitaler Transformationsprozesse 36

4 Ausgewählte Handlungsfelder der regionalen digitalen Transformation 42

4.1 Leistungsfähige digitale Infrastruktur 44

4.2 Die Bedeutung der mobilen Datennetzwerke 50

4.3 E-Mobilität und Transport 54

4.4 E-Health ... 66
4.5 Smart Home und Ambient Assisted Living ... 72
4.6 Nahversorgung und Einzelhandel ... 78
4.7 E-Government und Open Data ... 88
4.8 Open Government und E-Partizipation ... 95
4.9 Schulung, Ausbildung, e-Learning und Digitale Teilhabe ... 100
4.10 Arbeit und Wirtschaft ... 110
4.11 Tourismus ... 116
4.12 Landwirtschaft ... 121
4.13 Grüne Energie, Smart Energy Grids und weitere Energiethemen ... 129
4.14 Kunst und Kultur ... 132
4.15 Spezielle Plattformen zur Bürgerkommunikation ... 133

5 Chancen und Hindernisse des Transformationsprozesses ... 135
5.1 Chancen der Digitalen Transformation für ländliche Räume ... 136
5.2 Hindernisse auf dem Weg zum Digitalen Dorf ... 139
5.3 Die Digitalisierung ist kein Allheilmittel ... 146
5.4 Perspektiven für die Zukunft ... 152

6 Ausblick ... 157
6.1 Benchmarking für Smarte Städte und Regionen ... 157
6.2 Fragenkatalog - teilstrukturiertes Interview ... 160

Quellenverzeichnis ... 162

Abbildungsverzeichnis

Abbildung 1: Entwicklungsprognose für die Bevölkerung in Bayern und Oberfranken bis 2036 ... 6

Abbildung 2: Bevorzugte Wohngegend - wo die Menschen leben wollen ... 12

Abbildung 3: Megatrend-Map ... 15

Abbildung 4: Marktteilnehmer „Smart City Solutions" mit den besten Positionen im Markt im Jahr 2018 ... 18

Abbildung 5: Das „Smart City Wheel" von Boyd Cohen ... 22

Abbildung 6: Oracles Smart-City-Platform Solution Map ... 23

Abbildung 7: Anteil der Fläche und Einwohner der einzelnen Typen ländlicher Räume sowie der nicht-ländlichen Räume in Deutschland ... 29

Abbildung 8: Drei Dimensionen zur holistischen Entwicklung einer Smart City ... 35

Abbildung 9: Viele weiße Mobilfunk-Flecken in Deutschland ... 51

Abbildung 10: ILSE -Just-in-time-Transporte für gesundheitliche Anlässe ... 56

Abbildung 11: Integrierte Leitstellen-Erweiterung im Landkreis Vorpommern-Greifswald ... 56

Abbildung 12: Autonom fahrender Bus in Bad Birnbach ... 58

Abbildung 13: Trends in der Entwicklung von Verkehrsnachfrage und Verkehrsangebot ... 61

Abbildung 14: Blockchain-basiertes multimodales Internet der Mobilität ... 63

Abbildung 15: Ambient Assisted Living (AAL) - Altersgerechte Assistenzsysteme für ein gesundes und unabhängiges Leben ... 72

Abbildung 16: Framework einer integrierten Gesundheitsversorgung ... 75

Abbildung 17: Mit AAL-Technik seniorengerecht im Smart Home leben ... 77

Abbildung 18: Das idealtypische Nahversorgersortiment ... 78

Abbildung 19: Das Digitale Dorf der Steinwald-Allianz ... 79

Abbildung 20: Der Supermarkt, der zum Kunden kommt ... 83

Abbildung 21: Lebensmittel-Abholstation EDEKA - Food around the clock ... 85

Abbildung 22: Lebensmittel-Abholstation „emmasbox" - White Label ... 85

Abbildung 23: Smart City Daten-Cockpit ... 91

Abbildung 24: Smartphone-App DorfFunk ... 98

Abbildung 25: Mobiler PopUp-Coworking-Space (Außen- und Innenansicht sowie Modellzeichnungen) 112
Abbildung 26: Der Online-Gemüsegarten 122
Abbildung 27: Verschiedene Facetten des Digital Farming 124
Abbildung 28: Digitalisierung der Kühe 125
Abbildung 29: GPS-gesteuerte Düngemaschine dosiert Feldpartitionen individuell 127
Abbildung 30: Szenarien 2040+. Schlüsseltrends 152

Tabellenverzeichnis

Tabelle 1: Anteil von Stadt- und Landbewohnern in D von 1990 bis 2015 und Prognose bis 2050 5

Tabelle 2: Entwicklung der proz. Anteile der Bevölkerungsgruppen bis 2030 im LK Kronach 7

Tabelle 3: Bausteine der Digitalisierung nach Themenfeldern in der smarten Stadt/Region 25

Tabelle 4: Handlungsfelder im Smart-Country-Ansatz 27

Tabelle 5: Die acht Raumtypen der Bertelsmann Studie 36

Tabelle 6: Die wichtigsten Handlungsfelder in ländlichen Regionen 41

Tabelle 7: EU: Mittlerer Breitbandausbau (>= 30 MBit/s) national im Länderüberblick 44

Tabelle 8: Breitbandausbau (>= 30 MBit/s) in ländlichen Regionen im Länderüberblick 45

Tabelle 9: OECD: Anteil von Glasfaser an allen stationären Breitbandanschlüssen im Dez. 2017 46

Tabelle 10: EU: Verfügbare Glasfaseranschlüsse in ländlichen Regionen im Länderüberblick 47

Tabelle 11: LTE-Ausbau in ländlichen Regionen im Länderüberblick 50

Tabelle 12: Anteil der Offliner in Europas dünn besiedelten Regionen 102

Tabelle 13: Anteil der Internetbucher bei Urlaubsreisen in Deutschland 120

Tabelle 14: Kriterienkatalog für eine smarte City/Region 158

Abkürzungsverzeichnis

AAL:	Ambient Assisted Living
BMEL:	Bundesministerium für Landwirtschaft und Ernährung
BMVI:	Bundesministerium für Verkehr und digitale Infrastruktur
DACH:	Region Deutschland-Österreich-Schweiz
DB:	Deutsche Bahn
DESA (UN):	Department of Economic and Social Affairs (United Nations)
DIVSI:	Deutsches Institut für Vertrauen und Sicherheit im Internet
ERP:	Enterprise Resource Plannung
GPS:	Global Positioning System
IESE:	Fraunhofer-Institut für Experimentelles Software Engineering
IIS:	Fraunhofer-Institut für Integrierte Schaltungen
IHK:	Industrie- und Handelskammer
IKT:	Informations- und Kommunikationstechnik
IoT:	Internet of Things
LK:	Landkreis
M2M:	Machine to Machine
NRW:	Nordrheinwestfalen
OECD:	Organisation for Economic Co-operation and Development
PKW:	Personenkraftwagen
POI:	Point of Interest
SaaS:	Software as a Service
SDLN:	School of Distance Learning
UN:	United Nations
UNWTO:	United Nations World Tourism Organisation
ZDF:	Zweites Deutsches Fernsehen

1 Einleitung

Die vorliegende Arbeit postuliert das Problem, dass sich für unsere Gesellschaft heute und in näherer Zukunft große Belastungen ergeben aus der Disparität der wirtschaftlichen, demografischen und ganz allgemein sozioökonomischen Entwicklungen in den städtischen Ballungsgebieten versus vieler ländlicher Regionen in Deutschland. Der Fokus aller gesellschaftlich relevanten Stakeholder lag in den zurückliegenden Jahren und Jahrzehnten vornehmlich auf der expansiven Entwicklung großer Städte und Ballungsgebieten unter den Gesichtspunkten Arbeit, Wohnen, Öffentlicher Personennahverkehr, Infrastruktur, Bildung, Wirtschaft und ganz allgemein Investitionen jeglicher Art. Der ländliche Raum droht auf der anderen Seite in vielen Regionen auszubluten und jegliche Perspektive zu verlieren.

1.1 Das Kapitel eins

Im weiteren Verlauf dieser Einleitung wird die aktuelle Problemsituation „auf dem Land" zunächst konkret skizziert und anderseits die widersprüchliche Sehnsucht vieler Menschen nach der „Landidylle" untersucht.

Die Digitalisierung hat die Welt zu einem Dorf gemacht, doch „das Dorf" ist nicht digital. Internet, Apps, Onlinehandel, vernetzte Lebenswelten - vor allem in den Städten und in den „Smart Cities" scheint das Herz der Digitalisierung zu schlagen. Doch wie sieht es auf dem Land aus? Dort ist diese Digitalisierung vielfach noch nicht angekommen oder ist schlichtweg einfach noch nicht nutzbar.

Die digitale Transformation bietet heute in vielen Bereichen von Wirtschaft und Gesellschaft neue Perspektiven und wird vielfach als „Allheilmittel" für jegliche Probleme angepriesen, was ebenfalls in der Einleitung weiter unten beleuchtet wird.

1.1.1 Das Kapitel zwei

Da unter der Überschrift „Smart City" bisher ein ganz klarer Fokus auf Leuchturmprojekte und deren Umsetzung in den Megacities bestand und größere Anstrengungen der Kommunen, hohe Investitionen von Systemlieferanten der Wirtschaft und Subventionen der Politik in den großen Städten standfanden, nimmt die Arbeit im zweiten Kapitel einen Blick auf die Smart City Konzepte und versucht aufzuzeigen, wo Gemeinsamkeiten der Smart Rural Areas mit den

Projekten zur „Smart City“ bestehen und wo sich die Ziele und Instrumente zur Entwicklung einer „Smart Country Side“ unterscheiden.

1.1.2 Das Kapitel drei

Auf dem Weg zur Digitalen Transformation des ländlichen Raumes werden im dritten Kapitel einige wichtige Begrifflichkeiten geklärt und aufgezeigt, welche Impulse die Politik als wichtiger Treiber mittlerweile zu geben versucht, um bereits verlorenes Terrain auf dem Lande wieder zurück zu gewinnen und den Status „gleichwertige Lebensverhältnisse überall in Deutschland“ zu erreichen.

1.1.3 Das Kapitel vier

Aufbauend auf diesem thematischen Grundgerüst erläutert das vierte Kapitel ausführlich und detailliert 15 unterschiedliche (und zum Teil interdependente) Problembereiche, die sich in vielen Kommunen in Nordbayern und speziell in Oberfranken stellen und die Ansatzpunkte für den konkreten Einsatz von Digitalisierungsstrategien bieten. Die Aktionsfelder mit positiven Potentialen der Digitalisierung für den ländlichen Raum wie Mobilität und Transport, Landwirtschaft, Nahversorgung, Verwaltung, Bildung, Partizipation, Gesundheitsversorgung und einige mehr werden anhand konkreter Beispiele analysiert und Chancen zur Lösung der gesamtgesellschaftlichen Herausforderungen aufgezeigt. Dabei wird auch kritisch untersucht, welche Hindernisse einer erfolgreichen Umsetzung der Maßnahmen entgegenstehen könnten.

In Abhängigkeit vom Status der jeweiligen Projekte wird beurteilt, inwieweit die Maßnahmen als gescheitert oder als erfolgreich zu bewerten sind und was hierfür die möglichen Ursachen waren und sind. Diese Evaluierung soll u.a. mit Befragungen diverser Projektverantwortlicher untermauert werden.

1.1.4 Das Kapitel fünf

Im fünften Kapitel erfolgt eine Zusammenfassung der Chancen der digitalen Transformation für den ländlichen Raum und eine Darstellung der Hürden, die sich auf dem Weg einer erfolgreichen Umstellung stellen. Und es wird die Frage beantwortet, ob die Digitalisierung generell tatsächlich zur Lösung der eigentlichen Probleme und zur „Rettung“ der ländlichen Regionen beitragen kann.

1.1.5 Das Kapitel sechs

Im Laufe der Untersuchungen dieser Arbeit hat sich gezeigt, dass es bis heute keine klaren Maßstäbe gibt, ob und in welchem Maße eine Stadt oder eine Region als „smart" im Sinne erfolgreicher Digitalisierungsstrategien zu bezeichnen ist. Deshalb gibt Kapitel sechs einen Ausblick auf mögliche Bewertungsschemata, die zukünftig bei der Beantwortung dieser Frage herangezogen werden könnten.

Außerdem hat sich bei der Forschung zu dem Thema herausgestellt, dass viele Ideen und Konzepte zur Umsetzung von Digitalisierungsprojekten zwar häufig mit viel Elan angegangen und auch mit erheblicher finanzieller Unterstützung öffentlicher Stellen subventioniert werden, dann aber zum Ende der Projektlaufzeit „in der Schublade verschwinden". Deshalb entstand ein erster Fragenkatalog für ein teilstrukturiertes Interview, der Anregung für zukünftige Forschungsfragen geben will und ebenfalls im siebten Kapitel ausgeführt ist.

1.1.6 Quellen der Forschungsarbeit

Bei der Auseinandersetzung mit dem Thema zeigte sich, dass Fragestellungen und Konzepte zu „Smart Rural Areas", also ländliche und kleinbäuerlich geprägte Regionen mit modernen, auf die digitale Transformation setzenden Ideen und Konzepten, in der wissenschaftlichen Literatur nur ganz selten und erst in den letzten zwei bis drei Jahren auftauchen. Deshalb fließen in diese Arbeit viele ganz aktuelle Untersuchungen und Forschungsergebnisse ein, die sehr häufig nicht in der „klassischen" Wissenschaftsbibliothek zu finden sind.

Die Arbeit stellt Forschungsergebnisse und Projekte zur „Digitalisierung des ländlichen Raumes" mit Schwerpunkt in Deutschland und in Oberfranken vor, berücksichtigt aber auch jüngste Projekte in Europa.

1.2 Warum die Situation auf dem Land besorgniserregend ist

Kurz nach seinem Rücktritt vom Amt des SPD-Parteichefs und Kanzlerkandidaten sagte Sigmar Gabriel in einem *stern*-Interview:

> „Unser Land fällt ja wirklich immer mehr auseinander. Nicht nur in Arm und Reich, auch in Stadt und Land. In den Großstädten fehlt es an bezahlbaren Wohnungen, und auf dem Land gibt es häufig nicht mal mehr eine Bushaltestelle, keine Grundschulen, keinen Supermarkt, keinen Arzt und keine Apotheke. Die Menschen fühlen sich dort im Stich gelassen." (stern 2017)

Viele städtische Regionen in Deutschland profitieren von und leiden gleichermaßen unter hohen Bevölkerungs-Zuwachsraten („Landflucht", Migration). Urbanisierung und Verstädterung gilt als einer der Megatrends, auch europa- und weltweit. Nach einer Berechnung der United Nations/DESA hat sich zwischen 1950 und 2015 der weltweite Anteil der Stadtbevölkerung von 26,6% auf 54,0% erhöht und ist durch das Bevölkerungswachstum absolut von 746 Mio. auf 3.960 Mio. Einwohner explodiert. „Das Leben" spielt sich zwangsläufig immer mehr in den Städten und Ballungsgebieten ab, die die Aufmerksamkeit von Investoren, Architekten und Planern auf sich ziehen.

> „Where villages and small towns have not been on the agenda, the city-centered discourse becomes almost a self-fulfilling prophecy with cities becoming larger and better, more interesting and beautiful, whereas villages and small towns are more or less left to their own devices." (Steinführer 2016, Abstract)

Spiegelbildlich zur Stadtentwicklung prognostizieren die Vereinten Nationen (UN) *für Deutschland* einen Rückgang der „Landbevölkerung" von 27% im Jahr 1990 auf nur 16% in 2050! Diese Entwicklung führt einerseits auch in Deutschland in den Ballungsgebieten unter anderem zu erheblicher Wohnraumnot und fehlenden Gewerbeflächen, explodierenden Miet- und Baukosten, überlasteter Verkehrsinfrastruktur (bis hin zu Fahrverboten), Parkplatzmangel, erhöhter Umweltbelastung und sinkender Lebensqualität.

Tabelle 1: Anteil von Stadt- und Landbewohnern in D von 1990 bis 2015 und Prognose bis 2050 / Quelle: eigene Darstellung, Daten entnommen bei statista.com am 06.10.2018

1.2.1 Bevölkerungsrückgang

Anderseits gilt ein signifikanter Bevölkerungsrückgang ebenfalls als ein entscheidender Indikator für negative Attraktivität und wachsende Probleme einer Region.

Für *Oberfranken* prognostizieren das Bayerische Landesamt und die Regierung von Oberfranken bis zum Jahr 2036 einen Bevölkerungsrückgang von 6%, wobei der Landkreis Wunsiedel mit minus 15% und die Regionen Tettau, Nordhalben, Berg, Kirchenlamitz, Bad Alexandersberg und Schirnding mit einem Minus von bis zu 17% die negative Tabelle anführen.

Gleichzeitig muss man wissen, dass Oberfranken die Region mit der zweitgrößten Industriedichte in Europa ist, dort viermal mehr *Hidden Champions* angesiedelt sind als im Bundesdurchschnitt[1] und eine der höchsten Brauerei-, Bäckerei- und Metzgereidichten der Welt aufweist[2]! Auch deshalb wiegt der

---

1 https://de.wikipedia.org/wiki/Oberfranken

2 https://www.bayreuth.ihk.de/Statistische-Daten.htm

Bevölkerungsrückgang angesichts des allgemeinen Facharbeitermangels in der Region Oberfranken noch schwerer.

Der Landkreis Kronach soll sich von 69.000 Einwohnern im Jahr 2012 auf 60.000 Einwohner im Jahr 2030 zurückentwickeln[3].

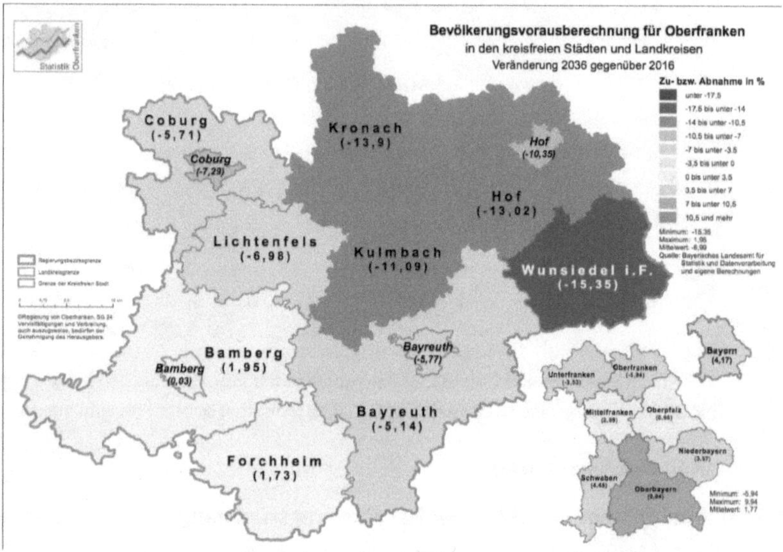

Abbildung 1: Entwicklungsprognose für die Bevölkerung in Bayern und Oberfranken bis 2036 / Quelle: https://www.regierung.oberfranken.bayern.de/imperia/md/content/regofr/oberfranken /daten/karte_oberfranken_bevoelkerungsvorausberechnung.pdf

1.2.2 Überalterung

Neben dem Bevölkerungsrückgang hat vor allem das Land mit einer dramatisch zunehmenden Überalterung zu kämpfen. Immer mehr Menschen gehen in den Ruhestand, gleichzeitig sinkt jedoch die Zahl der Jungen, die für die aktuellen Renten aufkommen. Beispielhaft für die meisten ländliche Regionen in Deutschland erwartet man in der Gemeinde Bindlach bei Bayreuth mit rund 7.200 Einwohnern eine Entwicklung des Alterskoeffizienten von 32 in 2014 auf 59 in 2034, dann stehen 59 Senioren 100 Erwerbstätigen gegenüber (ISEK 2017, S.8)!

3 http://www.wegweiser-kommune.de/statistik/kronach-lk+bevoelkerungsstruktur+bevoelkerung-1+2012-2030+tabelle

Für den Landkreis Kronach wird sich der Anteil der ab 65-Jährigen an der Gesamtbevölkerung von 2012 bis 2030 um 50% erhöhen, nämlich von 22,4% auf 32,4%[4]. Im Vergleich dazu beträgt in der Stadt München der Anteil der ab 65-Jährigen in 2012 nur 17,5% und bleibt bis 2030 mit 18,2% praktisch konstant[5]!

In nachstehender Tabelle zeigt sich deutlich die erwartete dramatische Entwicklung der Bevölkerungsgruppen im Landkreis Kronach in einem Horizont von 2012 bis zum Jahr 2030:

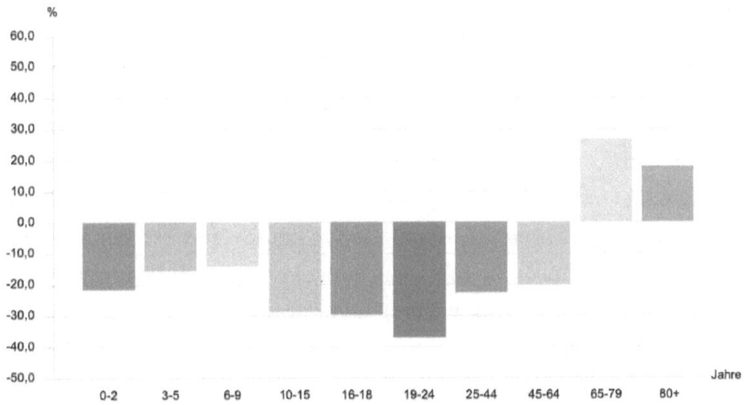

Tabelle 2: Entwicklung der proz. Anteile der Bevölkerungsgruppen bis 2030 im LK Kronach / Quelle: http://www.wegweiser-kommune.de/statistik/kronach-kc+relative-entwicklung-der-altersgruppen+2012-2030+tabelle, download am 23.11.18

1.2.3 Verschuldung

Die meisten Herausforderungen für Staat und Kommunen ergeben sich aus ihren Verpflichtungen, im Rahmen der allgemeinen Daseinsvorsorge für die Bürger eine flächendeckende Versorgung mit bestimmten, von den politisch Verantwortlichen als lebenswichtig eingestuften Gütern und Dienstleistungen zu allgemein tragbaren (= sozial verträglichen) Preisen und in zumutbaren Entfernungen, zu gewährleisten. Zu den Aufgabenfeldern werden technische

4 Quelle: http://www.wegweiser-kommune.de. Bevölkerungsvorausberechnung/Alterung für den Landkreis Kronach

5 Quelle: http://www.wegweiser-kommune.de. Bevölkerungsvorausberechnung/Alterung für die Stadt München

Dienstleistungen wie die Versorgung mit Energie, Wasser, Telekommunikation, öffentlichem Nah- und Fernverkehr, Post, Abfall- und Abwasserentsorgung ebenso gerechnet wie die Grundversorgung mit sozialen Dienstleistungen wie Kulturangebote, Gesundheitsdienste, Kinderbetreuung, Schulausbildung und Altenpflege oder Rettungsdienst, Katastrophenschutz und Brandschutz (BMVI 2016, S.8).

Die vom Bevölkerungsrückgang betroffenen Kommunen sind trotz zum Teil dramatischer Verschuldungsgrade mit den Erwartungen ihrer Bürger konfrontiert, staatliche Leistungen der Daseinsvorsorge, der Infrastruktur oder der Kulturangebote aufrecht zu erhalten und zusätzlich die Investitionen für einen digitalen Transformationsprozess zu leisten. Da in Verbindung mit der schrumpfenden und alternden Bevölkerung die Steuereinnahmen rückläufig sind, gleichzeitig aber die Aufwendungen - z.B. für die Wasserversorgung oder den Straßenbau - unabhängig von der Bevölkerungszahl bleiben, steigt die Verschuldung vielerorts massiv an. So haben die Gemeinden in Ostoberfranken per Dezember 2017 eine Verschuldung pro Einwohner in Höhe von 1.338 EUR (im Vergleich haben die Gemeinden in der Region Ingolstadt gerade einmal Schulden in Höhe von 280 EUR je Einwohner)[6].

Die Gemeinde Tröstau im Fichtelgebirge weist sogar einen Schuldenstand von 3.069 EUR[7] je Einwohner aus (per 2016). Das Durchschnittsalter der Bevölkerung erhöhte sich dort seit 2007 von 42,5 auf 46,4 Jahre, der Jugendquotient[8] sank von 35,0 auf 28,7 und der Altenquotient[9] stieg von 32,8 auf 37,8.

1.2.4 Keine schulische Chancengleichheit für Landkinder

Auf eine parlamentarische Anfrage zur Situation der Übertrittsquoten von Grundschülern auf weiterführende Schulen im Schuljahr 2016/2017 antwortete das bayerische Staatsministerium für Unterricht und Kultus mit einer sehr

6 https://www.statistik.bayern.de/medien/statistik/haushaltesteuern/schu2017_schulden_nach_gemeindegrössenklassen_und_regionen.pdf

7 entnommen bei https://www.statistik.bayern.de

8 Anteil junger Menschen von 0-19 Jahre im Verhältnis zur erwerbsfähigen Bevölkerung (20-64 Jahre)

9 Anteil alter Menschen über 64 Jahre im Verhältnis zur erwerbsfähigen Bevölkerung (20-64 Jahre)

bedenklichen Statistik[10]. Daraus ergab sich eine erhebliche Schieflage in dem Anteil der Grundschüler, denen ein Übertritt aufs Gymnasium vonseiten der Schule empfohlen wurde – und zwar signifikant in Abhängigkeit davon, wie „wohlhabend" eine Stadt und vor allem ein Landkreis ist. So wurde Schülern an Grundschulen im Landkreis Starnberg mit 71,1% der Übertritt an das Gymnasium empfohlen (Oberbayern: 56,1%), Schüler aus dem wirtschaftlich „schwachen" Landkreis Wunsiedel erhielten nur mit 43,7% diese Empfehlung – also rund 40% weniger als im LK Starnberg! Und tatsächlich wechselten zum Schuljahr 2016/2017 im LK Starnberg 53,7% aller Grundschüler auf das Gymnasium, im LK Kronach zum Vergleich nur 30,0% und im LK Tirschenreuth gar nur 27,5%!

Die Gründe hierfür sind sicher mannigfaltig – kein Geld für Nachhilfe, lange Schulwege und weniger schulische Angebote, bildungsfernere Elternhäuser u.v.m. Damit steht aber auch fest, dass ein auf dem (strukturschwachen) Land geborenes Kind, das im Durchschnitt nicht unterschiedlich intelligent zu anderen Standorten ist, keine Chancengleichheit für die Schullaufbahn und damit auch für das zukünftige Berufsleben hat. Die späteren negativen Auswirkungen wie Facharbeitermangel in diesen Regionen, höhere Aufwendungen für Sozialleistungen, weniger Steuereinnahmen u.v.m. liegen dabei ebenso auf der Hand.

1.2.5 Der „Gelbe Westen"-Aufstand in Frankreich

Wie empfundene oder tatsächliche Defizite auf dem Land am Ende sogar *den sozialen Frieden und gewählte demokratische Strukturen gefährden* können, zeigt sich ganz aktuell in unserem Nachbarland Frankreich, wo mit den „Gelben Westen" seit November 2018 eine Welle von Unruhen, Gewalt und anarchischen Aufständen das ganze Land überzieht, das auch als „überfällige Konfrontation zwischen dem abgehängten Frankreich und den Metropolen"[11] interpretiert wird.

10 Bayerischer Landtag, Drucksache 17/17413 vom 06.10.17, download unter https://www.bayern.landtag.de/ dokumente/drucksachen/?dokumentenart=Drucksache

11 Zitat von Christophe Guilluy, entnommen aus Welt am Sonntag vom 02.12.2018, S.10: Ist das jetzt die Revolution?

Eine, am Rande einer von Demonstranten errichteten Straßensperre befragte, ältere Dame brachte zum Ausdruck, warum sie und viele andere die derzeitigen massiven Proteste unterstütze: Als sie vor 24 Jahren in das Dorf Dompierre-sur Veyle auf halber Strecke zwischen den Arbeitsplätzen der beiden Eheleute gezogen sei, gab es dort noch einen Gemischtwarenhandel, eine Bar, ein Restaurant, ein Hotel, einen Zeitungsladen, einen Bäcker, einen Fleischer, eine Post, einen Arzt und einen Friseur und einmal in der Woche fand auch ein Markt statt. Heute ist nur der Friseur übriggeblieben, ohne Auto kann man nicht einmal Brot kaufen.[12]

[12] Zitat von Dominique Chanel, entnommen aus Welt am Sonntag vom 02.12.2018, S.10: Ist das jetzt die Revolution?

1.3 Der Traum vom Leben in der Landidylle

Deutschland ist geprägt von Landflucht einerseits und Zuzug in Ballungsgebiete andererseits.

Welche triftigen Gründe gibt es dafür und würden die Menschen sich anders entscheiden, wenn sie die freie Wahl hätten?

Eine Bevölkerungsbefragung der *Bundesstiftung Baukultur* aus dem Jahr 2015 (Bundesstiftung Baukultur 2015) hat ein überraschendes Ergebnis erbracht: Auf die Frage, wo sie am liebsten wohnen würden (unabhängig von der finanziellen Situation oder anderer Rahmenbedingungen), entschieden sich nur 21% für die Großstadt. Bei den 45- bis 49-Jährigen wollen sogar nur 12% in der Großstadt leben. Bei den über 60-Jährigen steigt die Quote wieder auf 21%, was wohl u.a. mit den Mobilitätsproblemen zusammenhängt, die die „Alten" mit dem Land verbinden.

In der Altersgruppe zwischen 30 und 59 Jahren, die tendenziell beruflich gut integriert im Familienverbund leben, entschieden sich sogar *mehr als 50% für die dörfliche Landgemeinde*!

Eine umfangreiche Untersuchung im Auftrag des ZDF[13] aus dem Jahr 2018 kommt sogar zu dem Ergebnis, dass nur noch 16% der Bevölkerung in der Großstadt leben möchte (Kleinstadt 39%, Ländliche Region 44%).

Um die negativen Folgen des Bevölkerungsschwundes für unsere Gesellschaft entgegen zu wirken, bedarf es einer Analyse der Gründe, die die Menschen davon abhalten, dort zu leben, wo sie es sich wünschen. **Aufgabe dieser Arbeit ist es zu prüfen, ob die Digitale Transformation geeignete Instrumente und neue Prozesse liefern kann, um Hürden und Hindernisse für eine Revitalisierung von Dörfern und ländlich geprägten Regionen aus dem Weg zu räumen.**

---

[13] https://www.zdf.de/dokumentation/zdfzeit/zdfzeit-wo-lebt-es-sich-am-besten-102.html

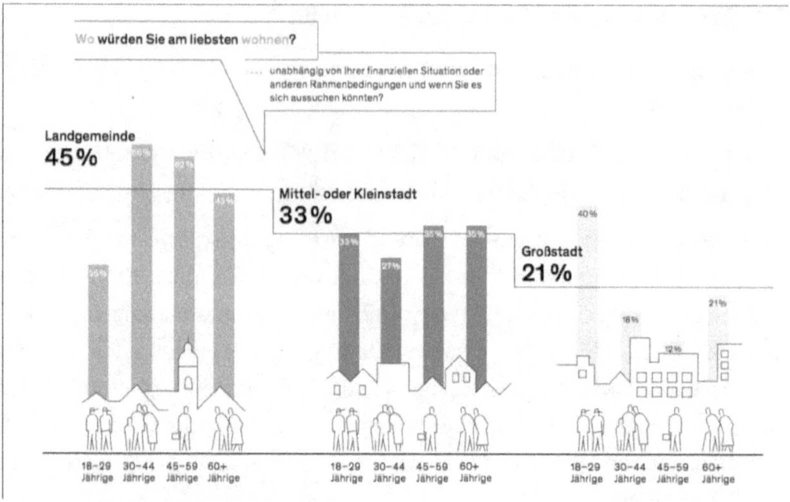

Abbildung 2: Bevorzugte Wohngegend - wo die Menschen leben wollen
Quelle: Bundesstiftung Baukultur (2016), S.37

1.4 Digitalisierung als Allheilmittel?

Die Digitalisierung hat schon längst alle Bereiche von Wirtschaft und Gesellschaft erfasst und beeinflusst, wie wir leben und arbeiten und uns mit unserer Umwelt vernetzen. In immer mehr Lebensbereichen unterstützen uns digitale Lösungen und beeinflussen unsere Entscheidungen, indem sie Prozesse und Abläufe automatisieren und die intelligente Vernetzung von Informations- und Kommunikationstechnologien nutzen (Heß und Polst 2017, S.12). Reale und virtuelle Welten verschmelzen immer mehr.

Die *Fokusgruppe Intelligente Vernetzung des Digital Gipfels* (Beratungsgremium der Bundesregierung) postuliert in ihrem Arbeitsprogramm 2018, dass durch die Digitalisierung speziell in den Infrastrukturbereichen Energie, Gesundheit, Verkehr, Bildung und Öffentliche Verwaltung mit der „systematische(n) digitale(n) Vernetzung und Nutzung innovativer IKT-Technologien wie M2M/IoT, Smart Data und Smart Wearables sowie horizontal verbindender Plattformen (...) Prozessoptimierungen, Produktivitätsfortschritte und Kosteneinsparungen erzielt und erhebliche Wachstumsimpulse gesetzt werden" (Digital Gipfel 2018, S.3)

Die Privatgesellschaft hat sich mit größter Begeisterung auf die Vorzüge der Digitalisierung gestürzt. Immer mehr Medien (Audio, Video, Foto) werden digital konsumiert, ohne Navigation kommt niemand mehr von A nach B, E-Commerce wird wie selbstverständlich genutzt, Sprachassistenten ersetzen menschliche Kommunikation und die sozialen Medien haben die Gesellschaft durchdrungen. Facebook hat derzeit über 2.000 Millionen Nutzer, WhatsApp 1.300 Millionen und Instagram 800 Millionen, um nur die größten Dienste zu nennen[14].

Der chinesische Anbieter Tencent hat mit seiner WeeChat-App schon 1.000 Millionen Kunden und bietet den Anwendern ein ganzes Ökosystem, in dem man mit diesem Dienst neben der Chat-Funktion „alles" erledigen kann, was täglich im persönlichen Leben anfällt. Man kann hier schon von der Schaffung eines einzigartigen „gesellschaftlichen Betriebssystems" sprechen, die dem Betreiber exklusiv eine schier endlose Zahl von Daten seiner begeisterten User liefert (Jensen 2018). Dabei werden die Konsumenten mit ihrer Schwarmintelligenz

---

[14] Quelle: Statista.com: Dossier Soziale Netzwerke, Stand Januar 2018

im virtuellen Raum immer mehr zu Designern, Entwicklern und Produzenten und heben alte räumliche und organisatorische Grenzen auf (Miosga 2016, S.18).

Prof. Manfred Miosga, Lehrstuhl Stadt- und Regionalentwicklung an der Universität Bayreuth, sieht in der Digitalisierung und Vernetzung ein neues Heilversprechen, das vorgibt, nahezu alle Probleme in Städten und Gemeinden lösen zu können (Miosga 2016, S.17).

> „Versprochen wird eine drastische Effizienzsteigerung der städtischen (und ländlichen, Anm.d.Verf.) Systeme und Infrastrukturen, die zur Verbesserung der Klimabilanz, zu wirtschaftlichem Wachstum, zu einer höheren Lebensqualität der Bürgerinnen und Bürger, zu mehr Transparenz und Mitbestimmung und sogar zu einer besseren Integration von Zuwanderung führen soll. Wenn alles digital vernetzt ist, können Verkehrssysteme besser und effizienter gesteuert, Energieverbräuche reduziert und erneuerbare Energiewellen besser koordiniert werden. Warenströme können effizienter organisiert, Siedlungssysteme und Infrastrukturen besser geplant, kosteneffizienter gebaut und unterhalten werden. Hilfsbedürftige Menschen können in digital vernetzten Wohnungen besser betreut, Steuerungs- und Verwaltungsabläufe optimiert, Bürger besser beteiligt und öffentliche Räume sicherer werden". (ebd.)

Karin Engelhardt, Online-Managerin der Stadt Coburg, ist von den Chancen der Digitalisierung überzeugt: „Digitalisierung löst Probleme vor Ort. Dazu gehören die Überalterung, der Versorgungsmangel, die Mobilität und Anbindung, die Bildung, die Umweltprobleme, die Energieversorgung, die Haushaltsdefizite und der Fachkräftemangel" (Engelhardt 2016) - *wenn sie Recht hat, ist Digitalisierung also fürwahr ein Allheilmittel!*

Der EU-Staat Estland, in der Digitalisierung von Verwaltung und Gesellschaft wohl führend in der Welt, zumindest aber in Europa ist, postuliert in seiner bereits im Jahr 2014 veröffentlichen *Digital Agenda 2020 for Estonia* die allumfassende Bedeutung der Digitalisierung für das Land: „The focus for the future will (...) be on creating an environment that facilitates the use of ICT and the development of smart solutions in Estonia in general. The ultimate goal is to increase the economic competitiveness, the well-being of people and the efficiency of public administration." (Estonia 2014, S.1)

1.4.1 Megatrends bestimmen unser Leben

Bei den Megatrends, die unser Leben in der nächsten und weiteren Zukunft bestimmen, ist die Digitalisierung Ursache und Treiber, Hilfsmittel und Werkzeug, aber auch Ergebnis und Konsequenz.

In einer *Megatrend-Map* hat das *Zukunftsinstitut*[15] die Felder aufgezeigt, in denen die Megatrends - als zentrale Treiber des Wandels - Wirtschaft und Gesellschaft langfristig und nachhaltig beeinflussen:

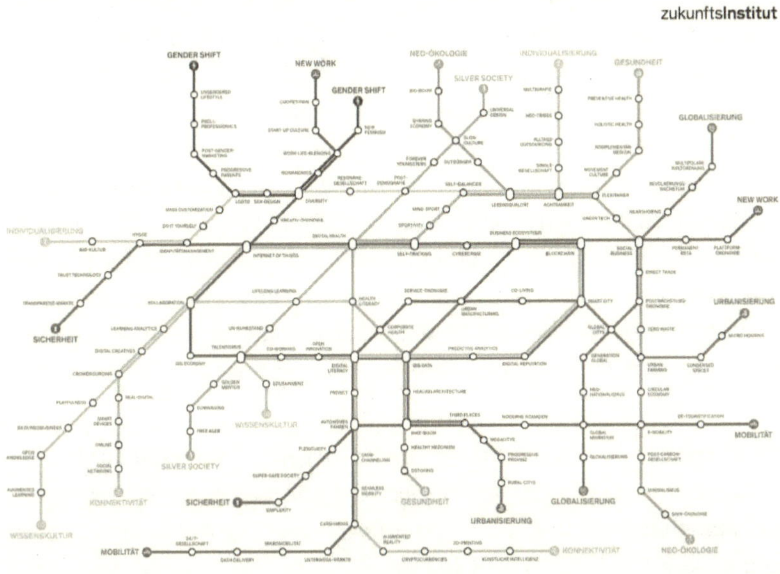

Abbildung 3: Megatrend-Map / Quelle: Zukunftsinstitut, entnommen am 17.10.2018 bei https://www.zukunftsinstitut.de/index.php?id=1532

Rund die Hälfte dieser Megatrends können dem allumfassenden Megatrend „Digitalisierung" zugerechnet werden und dieser fungiert auch als Querschnittsbereich. Die Digitalisierung ist hierbei kein „Allheilmittel", aber schafft für viele der Zukunftsszenarien erst die Voraussetzung für deren Realisation.

15 https://www.zukunftsinstitut.de/

1.5 Eine neue Idee: Digitale Transformation ländlicher Regionen

In allen Bereichen des kommunalen Lebens wird die Digitalisierung einschneidende Veränderungen mit sich bringen, ist der *Deutsche Städte- und Gemeindebund* überzeugt. In den Sektoren Bildung, Arbeit, Freizeit, Mobilität, Energieversorgung und öffentliche Verwaltung werden sich durch die Digitale Transformation viele Neuerungen und möglichst auch Verbesserungen hinsichtlich Qualität, Effizient und Bürgerorientierung ergeben (DStGB 2018, S.24).

Schon seit einigen Jahren entwickelt das Forschungsinstitut Fraunhofer IESE (Karlsruhe) im Auftrag und in Kooperation mit staatlichen Stellen Lösungen, um mit intelligenter IKT auch kleinen Städten und Dörfern neue Zukunftsperspektiven zu eröffnen. Bereits im Jahr 2014 legte das Institut sein Forschungsprojekt *Smart Rural Areas – Intelligente Technologien für das Land von morgen* der Öffentlichkeit vor. Die Wissenschaftler sind überzeugt, dass nicht nur die Städte, sondern auch die Dörfer Deutschlands smart und digital werden müssen. Denn auf dem Land entfalten die gesellschaftlichen und demografischen Realitäten wie Landflucht und Überalterung, Ärztemangel und Infrastrukturverfall ihre negative Wirkung. Hier werden Potenziale und Chancen gesehen, für und mit den Menschen auch in Dörfern die Grundlage für eine nachhaltige Zukunft zu schaffen.

Institutsleiter Prof. Liggesmeyer ist sich sicher: „Durch eine intelligente Infrastruktur für die zentralen Lebensbereiche wie medizinische Versorgung, Energie, Mobilität oder Logistik ist eine Revitalisierung der Region technologisch und praktisch möglich" (IESE 2015).

Malu Dreyer, Ministerpräsidentin von Rheinland-Pfalz, ist sich für die *Rural Areas* zuversichtlich: „Wenn wir die Chancen der Digitalisierung nutzen, können wir viele Herausforderungen des demografischen Wandels bewältigen. Davon bin ich überzeugt." (Dreyer 2015, S.13)

Die Digitale Transformation, also die Übertragung jeglicher Infrastrukturen, Mechanismen, Prozesse, (disruptiver) Geschäftsmodelle, Produkte und Dienstleistungen auf computergestützte Codes und Algorithmen sowie webbasierte Anwendungen, sollte dabei aber niemals Selbstzweck sein.

2 Smart City Konzepte als Vorläufer und Wegbereiter der Smart Country Side

Da die *Smart City Solutions* Vorläufer und auch „Wegbereiter" und „Wegbegleiter" neuer Ansätze zur Digitalisierung des ländlichen Raumes sind, werden im Folgenden wichtige Inhalte der Smart City-Ideen vorgestellt und Unterschiede sowie Gemeinsamkeiten zur Konzepten der Smart Country Side gesucht.

2.1 Top Down: Die Konzepte der Smart Cities und ihr Einfluss auf die Smart Country Side

Schon seit einigen Jahren haben sich Konzepte rund um das Schlagwort „Smart City" entwickelt (Wichmann und Terfrüchte S.8).

Diese Smart-City-Konzepte wurden bisher von großen Industrie- und IT-Konzernen dominiert. Jene Unternehmen haben das Potential für sich erkannt und bearbeiten weltweit mit diversen Initiativen die verantwortlichen Stakeholder großer Städte und sehen sich als „Smart City Supplier".

„If Siemens and Cisco aim to be the electrician and plumber for the Smart City, IBM`s ambition is to be their choreographer superintendent and oracle rolled into one." (Townsend 2013, S.63)

Das Marktforschungsinstitut Navigant Research identifiziert Siemens und Cisco als die beiden derzeit größten Player auf dem Markt für „solutions & services" und prognostiziert für 2026 ein weltweites Marktvolumen von rund 94 Mrd. US$ [16] (Navigant Research 2018).

Dass die veröffentlichten Schätzungen zukünftiger Marktpotentiale immer kritisch zu hinterfragen sind, zeigt hier ein Blick in eine 2017 veröffentlichte Studie der renommierten Unternehmensberatung *Arthur D. Little* zum Thema „Smart City". Dort findet man allein für Deutschland ein geschätztes Marktpotential im Jahr 2022 von 43,8 Mrd. Euro (Arthur D. Little 2017, S.3; dagegen die Schätzung Navigant 94 Mrd. US$ weltweit für 2026, siehe oben). Grundsätzlich gilt allerdings, dass die Umsatz- und Ertragspotentiale für die Konzerne als sehr attraktiv einzuschätzen sind.

---

16 https://www.navigantresearch.com/reports/navigant-research-leaderboard-smart-city-suppliers (06.10.18)

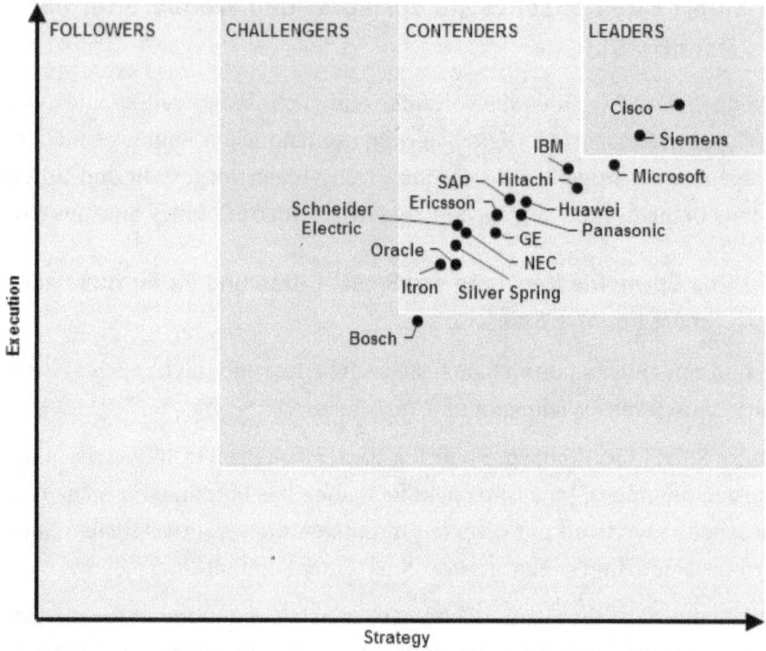

Abbildung 4: Marktteilnehmer „Smart City Solutions" mit den besten Positionen im Markt im Jahr 2018 / Quelle: Navigant Research, entnommen von https://www.venturesmarter.com

In einem 100-seitigen Memorandum an US-Präsident Obama im Februar 2016 mit dem Titel „Technology and the Future of Cities" appellierte das *President's Council of Advisors on Science and Technology* [17], ein Beraterstab besetzt mit führenden Wissenschaftlern und Technologen, die Chancen der Smart Cities für die amerikanische Wirtschaft auch als milliardenschweren Exportschlager zu nutzen:

> „This report lays out the political economic stakes of smart cities: Combined, the innovati- ons that are increasingly within reach provide an opportunity to revamp how cities operate at all levels and for all stakeholders. [...] In reality, the nations of the world are in a race to transform their cities and reap the rewards, many of which will be economic new pro ducts, new companies, and new skilled jobs, which, along with improved urban quality of life, create a

[17] https://www.whitehouse.gov/ostp/

> virtuous circle that attracts talented new residents and additional businesses from around the world. This is a race the United States cannot afford to lose. [...] A coor- dinated effort has the potential to help the United States seize a new, multi-trillion-dollar business opportunity, including technology exports" (PCAST 2016 S.V und S.37)

Auch auf europäischer Ebene werden die Chancen der Entwicklung erfolgreicher Digitalisierungskonzepte z.B. für „Smart Villages" als mögliches Servcieprodukt mit ökonomischem Potential gesehen. In ihrer *Bled Declaration* stellt die Europäische Kommission fest, dass die Entwicklung eines digitalen Tools, das die ländlichen Regionen miteinander verknüpft, sich eignen würde als „a high-tech, high life- standard model for rural areas around the world" (European Commission 2018, S.2).

Die von den „Big Playern" aufgesetzten Konzepte der Smart Cities zielen wesentlich auf Prozessoptimierung und Effizienz unter Einsatz von Big Data ab. In einer technologisch orientierten „Top-Down-Strategie" (vgl. Walravens et. al. 2014) werden Instrumente zur Steuerung und Kontrolle einer Großstadt durch ein integriertes „Leitstand-Programm" entwickelt, das vor allem die Optimierung der städtischen Infrastruktur zum Ziel hat und dabei für die Zivilgesellschaft oftmals intransparent ist.

In einer Reihe von Leuchturmprojekten wurden und werden diese Konzepte bereits weltweit umgesetzt, so u.a. in Singapur, Seoul, Taipei, Rio de Janeiro, New York, Calgary und in Europa in Amsterdam, Barcelona, Stockholm und Lyon. Führend in der Umsetzung ist die Stadt Wien, die für ihre Konzepte auch schon einige angesehene Preise gewonnen hat.[18]

Swarat und Koczorowski bemerken kritisch, dass bei den Digitalisierungs-Großprojekten in den Städten meist ein Großkonzern im Zentrum der Strategie als treibende Kraft agiere, wobei es oft nicht klar ist, ob die Stadt mithilfe des potenten Partners eine klare Strategie verfolge oder ob die Strategie nur im Nachhinein um ein, von wirtschaftlichen Interessen getriebenes, Vorhaben „herumgestrickt" wurde (ebd., S.26).

---

18 https://smartcity.wien.gv.at/site/

Detlev Sträter, Vorsitzender des Programausschusses des 1968 geründeten Münchner Forums für Entwicklungsfragen e.V., beurteilt die Aktivitäten der Industrie ebenfalls als grenzwertig. Nach seiner Einschätzung sind die Versprechungen für ein besseres und vielfältiges Leben in der Smart City nur „geniale Formeln aus der PR-Werkstatt der Weißwäscher, die sich alle Mühe geben, die Erkenntnis zu verhindern, worum es eigentlich geht: um den Zugriff von ‚Big Data' auf die Datenbestände und die Handlungsroutinen der Städte und aller öffentlichen Akteure samt ihrer Kommunikation mit ihren ‚Kunden", den Bürgern" (Sträter 2017, S.1). Er befürchtet einen Zentralisationsprozess der großen Wissens- und Datenbestände bei den globalen IT-Unternehmen und eine Enteignung all derjenigen, die diese Daten erzeugen und besitzen (ebd., S.1).

2.1.1 Alphabet (Google) baut eine ganze smarte Stadt neu auf

Die Google-Mutter Alphabet baut in Toronto derzeit unter dem Projektnamen *Sidewalk Labs* eine smarte „Stadt in der Stadt" von Grund auf neu. Auf einer Brachfläche von 325 Hektar entwickelt man ein weltweit skalierbares Modell einer Smart City mit der folgenden Vision: „By combining people-centered urban design with cutting-edge technology, we can achieve new standards of sustainability, affordability, mobility, and economic opportunity."[19]

Wichtige Bestandteile des Konzeptes sind[20]:

- Punkt-zu-Punkt-Mobililtät (von Haustür zu Haustür) mithilfe digitaler Navigation, autonomen Transportsystemen sowie einer integrierten Einbindung von Fußgängern, Fahrrädern und ÖPNV.
- Neue Nutzungskonzepte mit der Integration von Wohnen, Arbeiten und Einkaufen in gemeinsamen Strukturen.
- Hohe Nachhaltigkeit hinsichtlich Flächenverbrauch und CO2-Neutralität.
- Eine datengestützte Steuerung und Überwachung, um das öffentliche Leben angenehmer und sicherer zu machen.

[19] Entnommen bei https://www.sidewalklabs.com/ am 11.10.2018

[20] siehe https://www.sidewalklabs.com

- Eine Vernetzung von Bürgern und öffentlichen Einrichtungen (z.B. Gesundheitsversorgung), um die Services für die Bevölkerung signifikant zu verbessern.
- Und schließlich im Zentrum aller Aktivitäten eine offene digitale Infrastruktur (Data Lake, Anm.d.Verf.) mit allgegenwärtiger Konnektivität und Einblick in alle relevanten Daten, um kreative Lösungen zur Bewältigung lokaler Herausforderungen zu entwickeln.

„Google is building a City of the Future in Toronto. Would anyone want to live there? It could be the coolest new neighborhood on the planet—or a peek into the Orwellian metropolis that knows everything you did last night."[21]

2.1.2 Fraunhofer erweitert den Smart City Ansatz

In ihrer *Morgenstadt-Initiative* haben sich 11 verschiedene Fraunhofer-Institute zusammengeschlossen, um in einem ähnlich gefassten Ansatz gemeinsam die Zukunft der nachhaltigen, lebenswerten und wandlungsfähigen Stadt von morgen voraus zu denken und zu realisieren.

> „Die Digitalisierung als gesellschafts- und wirtschaftsverändernder Megatrend erreicht immer mehr die städtische Verwaltung. Durch die intelligente Integration von Informations- und Kommunikationstechnologien (IKT) und Daten mit bestehenden und neuen Infrastruktursystemen auf der einen Seite und Bedarfen von Städten und Bürgerinnen und Bürgern andererseits strebt die Smart City ein Maximum an urbaner Lebensqualität, Ressourceneffizienz, Resilienz und Zukunftsfähigkeit an. Hierzu werden Technologien gezielt eingesetzt, um eine Vielzahl an urbanen Prozessen zu optimieren." (Fraunhofer Gesellschaft 2018)

Vier Aspekte stehen in der Fraunhofer-Initiative im Vordergrund:

- Die Senkung von Emissionen durch intelligente, dezentrale Energiesysteme und die Verschaltung von (E-) Mobilität, Gebäuden und Energiesystemen.
- Der Fokus auf nutzerorientierte Dienstleistungen, die sich an Echtzeit-Informationen (Umwelt, Verkehr, Energieverbrauch etc.) orientieren.

---

21 https://www.politico.com/magazine/story/2018/06/29/google-city-technology-toronto-canada-218841, eingesehen am 15.10.2018

- Die Integration einzelner Technologien in intelligente Systeme (IoT), die eine Sharing Economy ermöglichen.
- Die datenbasierte Optimierung des Managements und der Steuerung der Stadt auf Politik- und Verwaltungsebene.

2.1.3 Das Smart City Wheel

Einen etwas weiteren Kreis der Digitalisierungsaktivitäten rund um die smarte Stadt schlägt Boyd Cohen mit seinem „Smart City Wheel", der die Bereiche Wirtschaft, Mobilität, Umwelt, Bürger der Stadt, bürgerliches Lebensumfeld und Verwaltung nochmals auffächert und diese Kategorien von den Autoren Lazaroiu und Roscia (2012) auch als Grundlage für ein Benchmarking von Smart Cities genutzt werden (vgl. Kapitel 6.1):

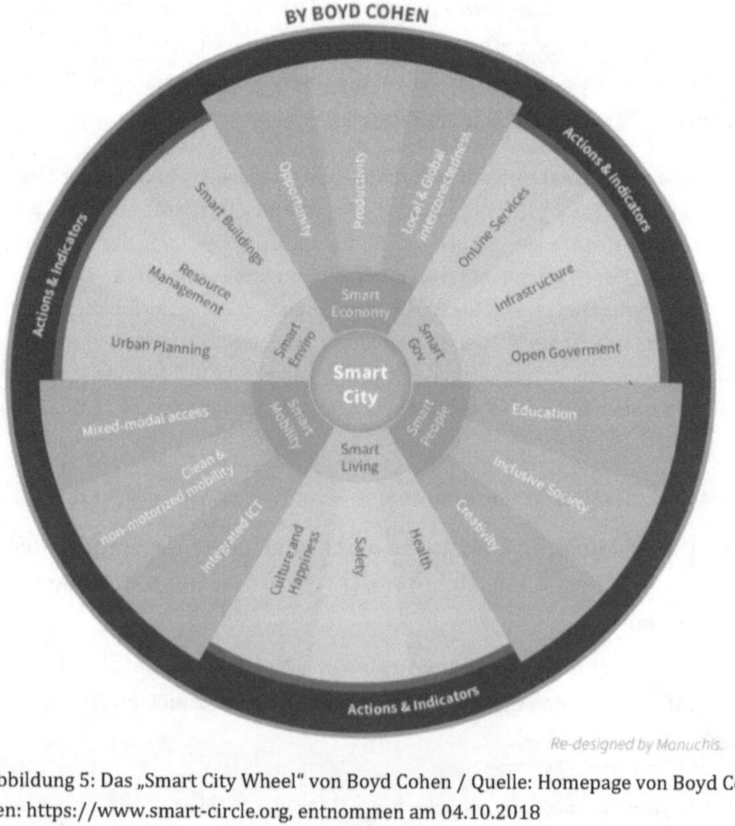

Abbildung 5: Das „Smart City Wheel" von Boyd Cohen / Quelle: Homepage von Boyd Cohen: https://www.smart-circle.org, entnommen am 04.10.2018

2.1.4 Oracle made Smart City

Die mannigfaltigen Bereiche, die von einer digital gesteuerten Smart City betroffen sein könnten (oder müssten...), zeigt der IT-Konzern Oracle in seinem Modell einer „Oracle made smart city" auf, bei der alle Lebensbereiche und jegliche Infrastruktur von einer zentral konsolidierten Plattform gelenkt werden und es damit, so Cisco, möglich wird, „to monitor performance and improve service delivery, program planning and budgeting".

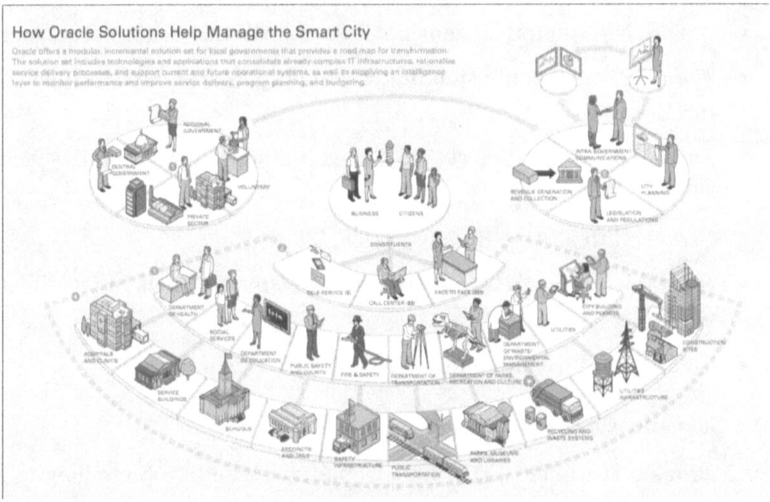

Abbildung 6: Oracles Smart-City-Platform Solution Map / Quelle: https://www.oracle.com/assets/oracle-manage-smart-city-185081.pdf

2.1.5 bitkom-Ansatz

Der Deutsche Digitalverband bitkom, in dem mehr als 2.600 Unternehmen der digitalen Wirtschaft organisiert sind, definiert Smart Cities und Smart Regions gleichermaßen als

> „Vision digital vernetzter Städte und Regionen, welche sozial, ökologisch und ökonomisch nachhaltige Ziele verfolgen, so etwa eine verbesserte Ressourceneffizienz, eine erhöhte Lebensqualität, die Förderung der lokalen Wirtschaft, die Schaffung von Innovationsräumen, mehr gesellschaftliche Teilhabe sowie eine erhöhte Zugänglichkeit und Effizienz öffentlicher Dienstleistungen". (bitkom 2018)

Weiter definiert der Verband die folgenden zehn Handlungsfelder (ebd.):

- *Verwaltung:* E-Government, Bürgerdienste
- *IT-Infrastruktur:* Breitband, WLAN, Mobilfunk, Long Range Wide Area Network (LoRaWAN) in Kommunen
- *Datenplattformen:* IoT-Plattformen, Open Data-Portale
- *Sicherheit:* im öffentlichen und digitalen Raum, Cyber Security, Gefahrenabwehr
- *Gesellschaft:* Digital Citizenship, E-Partizipation, Bürgerplattformen
- *Mobilität:* intelligente Mobilität, E-Mobility, Connected Car, Smart Logistic
- *Energie & Umwelt:* Smart Grid, Smart Building, Smart Lighting, Smart Waste
- *Bildung:* Intelligente Bildungsnetze, E-Learning
- *Handel & lokale Wirtschaft:* Einzelhandelsplattformen, Innovationsnetzwerke
- *Gesundheit*: E-Health, Ambient Assisted Living

2.1.6 Der nationale IT-Gipfel

Der Nationale IT-Gipfel (2015) findet eine etwas andere Einteilung in sieben Themenfelder einer intelligent vernetzten Stadt oder Region. Danach sind eine Vielzahl von Vernetzungen vertikal innerhalb der Themenfelder denkbar und bieten bereits Mehrwerte. Aber erst durch horizontale Vernetzungen über die einzelnen Themenfelder hinweg entstünden echte Zugewinne im Sinne der digitalen Transformation in eine smarte Zukunft zum Nutzen für Bürger, Wirtschaft und Verwaltung (ebd., S.15) und würden der Kommune einen Wettbewerbsvorteil verschaffen bzw. helfen, mögliche Wettbewerbsnachteile auszugleichen.

Zusammenfassend zielen die Konzepte durch den Einsatz innovativer (vor allem IuK-) Technologien auf die Steigerung der Energie- und Ressourceneffizenz, auf die Erhöhung der wirtschaftlichen Wettbewerbsfähigkeit sowie auf die Lebensqualität und Sicherheit der Bürger und umfassen somit nahezu alle Lebensbereiche (Libbe 2014 S.2).

Aus den Konzeptionen und Strategien für eine „Smart City" lassen sich einige Punkte auch auf ländlich strukturierte Regionen übertragen und sind teilweise mit den dortigen Themen vernetzt und interdependent.

Bausteine der Digitalisierung in einer smarten Stadt/Region

Themenfelder

Smart Living	**Smart Energy & Environment**	**Smart Mobility**	**Smart Health**	**Smart Government**	**Smart Learning**	**Smart Economy**
Kommunikaton	Energie	Logistik	Krankenhaus	Verwaltungs-prozesse	Schulen	Industrie
private Sicherheit	Gebäude	Verkehrs-informationen	Arzt	Bürger-information	Hochschulen und Universitäten	Handel
Tourismus	Straßen-beleuchtung	Verkehrs - lenkung	Telemedizin	Bürger - beteiligung	Bildungs-einrichtungen	Dienstleistung
Shopping	Abfall	ÖPNV	Prävention	Öffentliche Sicherheit	Privates Lernen	Landwirtschaft
Kultur	Wasser	E-Mobilitat		Notfalldienste		
Sport	Grunflachen	Mobility-Sharing				
		Parkraum				

sektorale Vernetzung

intersektorale Vernetzung

Tabelle 3: Bausteine der Digitalisierung nach Themenfeldern in der smarten Stadt/Region / Quelle: eigene Darstellung, angelehnt an Nationaler IT-Gipfel 2015, S.8

2.2 Smart City versus Smart Region: Unterschiede und Gemeinsamkeiten

In der öffentlichen Diskussion, in aktuellen Publikationen und in den meisten wissenschaftlichen Arbeiten wird bei den Fragestellungen zur Digitalisierung des öffentlichen Raumes unterschieden zwischen *Smart-City-* und *Smart Region-*Konzepten.

Die Bandbreite erstreckt sich von der Verkehrssteuerung in einer Megacity bis zum E-Commerce-Shop eines lokalen Imkers und dessen Einbindung in regionale Erzeugerplattformen.

Der Nationale IT-Gipfel (2017a) beschreibt *Smart City* als international verwendeten Begriff für die Vision einer digital vernetzten Großstadt. Bisher technologisch und administrativ getrennte vertikale Systeme wie z. B. Verkehr und Mobilität, Energie, Gesundheit, Verwaltung, Bildung und Wirtschaft werden mittels hochleistungsfähiger und sicherer Plattformen in einem *Top-Down-Ansatz* integriert und horizontal verknüpft. Dadurch entstehen neue Dienste und auch neue Möglichkeiten, Innovationen durch Vernetzung und Daten zu generieren (IT-Gipfel 2017a, S.5)

Eine *Smart Region* definieren die Experten als eine einzelne Kommune oder einen regionalen Verbund unterschiedlicher Gebietskörperschaften, der digitalisierte Bereiche aus der Verwaltung, der (lokalen) Wirtschaft und der Zivilgesellschaft umfasst und interkommunal in einem *Bottom-Up-Ansatz* zusammenarbeitet, insbesondere in Handwerk, Handel, Logistik, Dienstleistung, Tourismus und Bildung.

Die technischen Grundlagen und Prinzipien sind für Smart Cities und Smart Regions vom Grundsatz her identisch: IT-Plattformen, die eine horizontale Verknüpfung ursprünglich getrennter Bereiche ermöglichen und Anwendungen, Dienste und Daten aus mindestens zwei Domänen systematisch digital vernetzen und den Fokus auf die innovative Erfassung, Analyse und Anwendung der Daten richten.

Ein wesentlicher Unterschied wird darin gesehen, dass durch die tendenziell größere Vielschichtigkeit der Beteiligten in einer Smart Region die IT-Plattform maximale Offenheit und Interoperabilität gewährleisten muss, da sich nur so dezentrale und regionenübergreifende Partnerschaften erfolgreich entwickeln lassen (ebd., S.6).

Viele Potentiale und Herausforderungen im heterogen strukturierten ländlichen Raum stellen sich anders dar als in der Großstadt und fordern differenzierte und auch neue Herangehensweisen bei einer digitalen Transformation von Systemen und Gesellschaften, auch wenn die Handlungsfelder eines „Smart-Country-Ansatzes" sich zunächst dem der Smart City durchaus ähneln. Die Autoren der Bertelsmann-Studie *Smart Country regional gedacht* (Wiechmann und Terfrüchte 2017, S.17) sehen hierzu die in nachfolgender Tabelle aufgeführten sechs große Handlungsfelder mit ausdifferenzierten Unterkategorien:

Handlungsfeld	Unterkategorien
Governance	IuK und E-Governance
	Transparenz und Open Data
	kommunale Planung
Mobilität	lokale und internationale Erreichbarkeit
	nicht motorisierte Optionen
	integrierte IuK-Technologien
Umwelt	nachhaltiges Ressourcenmanagement
	Gebäude und Quartiere
	attraktive Umwelt
Wirtschaft	Entrepreneurship und Innovation
	Produktivität
	lokale und globale Vernetzung
Gesellschaft	Bildung
	inklusive Gesellschaft
	Kreativität und Offenheit
Lebensqualität	Kultur und Freizeit
	Sicherheit und Katastrophenschutz
	Gesundheitsversorgung

Tabelle 4: Handlungsfelder im Smart-Country-Ansatz / Quelle: Wichmann und Terfrüchte S.17

Etablierte Debatten um „Smart Cities" und den damit verbunden Ansätzen werden dabei über die Metropolen und die städtischen Verdichtungsräume hinaus in die Flächen erweitert und adaptiert.

Aus Sicht des Verfassers sind die Herausforderungen und Themenstellungen von Großstadt und flachem Land sicher in Teilen unterschiedlich. Anderseits sind unsere Gesellschaften soweit miteinander verzahnt und vernetzt, dass eine klare Abgrenzung so nicht vorgenommen werden kann, was ebenfalls später aufgezeigt wird.

3 Der Weg zur digitalen Transformation des ländlichen Raumes

3.1 Was man unter „ländlichem Raum“ verstehen kann

In der Definition des Statistischen Bundesamtes gelten alle Regionen mit einem städtischen Zentrum, welches mindestens 300.000 Einwohner hat, als Agglomerations- oder Ballungsraum. Verstädtere Räume haben ein städtisches Zentrum mit mindestens 150.000 Einwohnern und eine Bevölkerungsdichte von mindestens 150 Einwohnern pro Quadratkilometer. Alle anderen Räume und damit auch der Regierungsbezirk Oberfranken gelten als ländlicher Raum[22]. Bei dieser Betrachtung leben derzeit 42% der Bevölkerung in als *ländliche Regionen* bezeichneten Stadt- und Landkreisen (Williger und Wojtech 2018a, S.4).

Tröger-Weiß stellt klar, dass es *den* „ländliche Raum“ aber nicht gebe, sondern verschiedene Typen zu unterscheiden sind (Tröger-Weiß 2017):

- Ländliche-periphere, strukturschwache Räume
- Ländliche Regionen im Umfeld von Verdichtungsräumen
- Agrarisch geprägte ländliche Räume
- Touristisch geprägte ländliche Räume
- Ländliche Räume mit hoher wirtschaftlicher Entwicklungsdynamik
- Ländliche Räume als Schrumpfungsregion
- Grenzregionen

Dass es keine klare Definition gibt, was man unter dem „ländlichen Raum“ versteht, zeigt auch die Einschätzung des *Bundesamtes für Ernährung und Landwirtschaft*, das auf seiner Homepage die „ländlichen Räume“ auf 90% der Gesamtfläche Deutschlands und die dort lebende Bevölkerung auf mehr als 50% von Gesamt taxiert[23] und sich dabei auf das *Thünen-Institut* bezieht. Ländliche Regionen, so das Ministerium, seien geprägt von klein- und mittelständischen Wirtschaftsstrukturen, niedriger Bevölkerungsdichte und großen Wohngrundstücksgrößen, Landschaften und Erholungsräumen, weit überwiegender land-

[22] https://www.destatis.de/DE/Publikationen/STATmagazin/Arbeitsmarkt/2014_05/Info_KreistypenBBSR.html

[23] https://www.bmel.de/DE/Laendliche-Raeume/Infografiken/_node.html, eingesehen am 12.10.2018

und forstwirtschaftlicher Flächennutzung sowie lokalem Zusammenhalt und regionaler Verbundenheit (BMEL 2016a, S.7).

Das Thünen-Institut bestätigt diese Angaben grundsätzlich, differenziert ländliche Räume aber mit einer komplexen Methodik auf zwei Dimensionen etwas weiter. Die eine Dimension bildet die „Ländlichkeit" in Abhängigkeit von verschiedenen Bewertungskomponenten (Siedlungsdichte, Anteil landwirtschaftlicher Flächen, Anteil Ein- und Zweifamilienhäuser, Bevölkerungspotential, Erreichbarkeit großer Zentren). Die zweite Dimension ist die „sozioökonomische Lage" (Arbeitslosenquote, Bruttolöhne, Steuerkraft, Wohnungsleerstand, Lebenserwartung, Schulabbrecherquote). Durch die Kombination beider Dimensionen entstehen in vier Quadranten vier „ländliche" Typen, in denen insgesamt 57,2% der Bevölkerung auf 91,3% der Fläche Deutschlands leben. Dabei ist der Bevölkerungsanteil in diesen vier Raumtypen mit 11% bis 16% relativ ausgeglichen (Thünen 2016, S.I).

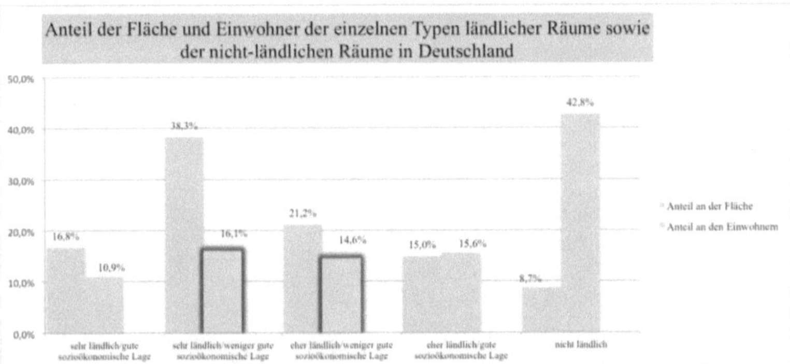

Abbildung 7: Anteil der Fläche und Einwohner der einzelnen Typen ländlicher Räume sowie der nicht-ländlichen Räume in Deutschland / Quelle: eigene Darstellung, Daten entnommen aus Thünen (2016), S.27

Somit befinden sich in Summe *30,7% der bundesdeutschen Bevölkerung in eher/sehr ländlichen Regionen mit weniger guter sozioökonomischer Lage.*

Bezogen auf den oberfränkischen Raum wird in der bundesdeutschen Analyse aller Räume nur der Landkreis Bamberg als „eher ländlich" und „sozioökonomisch gut" bewertet. Alle anderen Landkreise (inkl. der kreisfreien Städte) werden als „sehr ländlich" eingestuft und die Kreise Hof, Kronach, Kulmbach, Lichtenfels und Wunsiedel als sozioökonomisch „weniger gut" klassifiziert (Thünen 2016, Seite 26).

Zur Schaffung „gleichwertiger Lebensverhältnisse" sollte die Politik den Fokus zunächst also auf die Bereiche legen, deren Territorium sehr ländlich und deren sozioökonomische Lage als weniger gut einzustufen ist.

3.2 Was man unter „Digitaler Transformation" verstehen kann

Die Digitale Transformation gilt als eine der großen Herausforderungen unserer Zeit und unserer Gesellschaft.

Ursprünglich wurde unter Digitalisierung lediglich die Transformation von analogen in digitale Zustände verstanden (Kaczorowski und Swarat 2018, S33). In Verbindung mit der Verbreitung mobiler Endgeräte, Big Data, intelligenten Softwarealgorithmen, Augmented Reality und Künstlicher Intelligenz verändern sich wirtschaftliche und gesellschaftliche Prozesse und machen deren Transformation zu einem komplexen Unterfangen. Die sich mit der Digitalisierung bietenden Chancen zur Entwicklung neuer Produkte und Dienstleistungen, zur Steigerung von Effizienz und Produktivität und zur Schaffung gleichwertiger Lebensverhältnisse können nur dann genutzt werden, wenn die sich dabei ergebenden Herausforderungen aktiv und kreativ angegangen werden (Bertschek et. al. 2018, S.1)

Schallmo (2018, S.4-6) liefert diverse aktuelle Definitionen für den in der Wissenschaft nicht klar abgegrenzten Begriff der digitalen Transformation, die hier nicht weiter ausführt werden sollen. Kaczorowski (2017, S.8) sieht den Zusammenhang von Digitalisierung und Transformation wie die eines unerschöpflichen Rohstoffes:

> „Digitalisierung selbst [ist] zunächst nur die Transformation des Vorgangs der Erfassung, Aufbereitung und Speicherung analoger Informationen auf einem digitalen Speichermedium. Daten sind das neue Öl – der Rohstoff für die Informations- und Wissensgesellschaft. Im Gegensatz zum Öl sind digitale Daten allerdings unerschöpflich. Sie entstehen in vielfältiger Form und können sofort transportiert, wiederverwendet, analysiert, veredelt, kombiniert oder geteilt werden."

Boueé und Schaible (2015, S.6) definieren wie folgt:

> „Digitale Transformation verstehen wir als durchgängige Vernetzung aller Wirtschaftsbereiche und als Anpassung der Akteure an die neuen Gegebenheiten der digitalen Ökonomie. Entscheidungen in vernetzten Systemen umfassen Datenaustausch und -analyse, Berechnung und Bewertung von Optionen sowie Initiierung von Handlungen und Einleitung von Konsequenzen."

Bernd Simon, SAP-Vorstand und bei dem Konzern zuständig für den Produktbereich „Smart City", beschreibt Digitalisierung als „Vernetzung von Menschen, Daten, Dingen und Geschäftsmodellen"[24].

Die Digitalisierung kann auch als ein dynamischer, sich beschleunigender soziotechnischer Prozess verstanden werden, dessen Entwicklung sich vor allem dezentral und meist disruptiv vollzieht. Sämtliche Bereiche der Wirtschaft, des öffentlichen und des privaten Lebens werden davon tangiert. Klassische Standortfaktoren sind für digitale Innovatoren weniger entscheidend als der Zugang zu digitalen Daten und Infrastrukturen, bei denen Raum und Zeit häufig aufgelöst sind. Dabei spielen Ökosysteme (wie z.B. facebook) und Plattformen (wie z.B. AirBnB oder uber) eine immer wichtigere Rolle (Digital Gipfel 2017, S.11)

Bereits im Jahr 2006 hatte die Bundesregierung mit Federführung des Wirtschaftsministeriums unter dem Titel *Nationaler IT-Gipfel* einen permanenten Arbeitskreis aus Wissenschaftlern und Industrievertretern ins Leben gerufen, um die Bundesregierung bei der Digitalen Transformation zu beraten. Daraus wurde u.a. eine *Projektgruppe Intelligente Vernetzung/Smart Cities/Regions* gebildet. In ihren Empfehlungen zur Koalitionsvereinbarung der Bundesregierung 2017-2021 wird für *Digitale Teilhabe* und *gleichwertige Lebensverhältnisse* eine Förderung intelligent vernetzter Städte und Regionen gefordert (Nationaler IT-Gipfel 2016).

3.2.1 Digitalisierung - Disruption - Arbeitsplatzabbau

„Derzeit überschreiten wir eine Schwelle, an der die Digitalisierung weite Teile des täglichen Lebens, der Wertschöpfungsprozesse und des Arbeitens durchdringt" (BMAS 2017, S.19)

Alle Forscher sind sich einig, dass die Digitalisierung unserer Lebens- und Arbeitswelt in den nächsten Jahren auch zu einem massiven Wegfall von heute noch bestehenden beruflichen Tätigkeiten und den damit verbundenen Arbeitsplätzen führen wird (Dengler und Matthes 2018). Nach einer Schätzung der Bundesagentur für Arbeit fallen bis zum Jahr 2035 rund 1,5 Mio. Jobs durch die Digitalisierung weg, gleichzeitig würden aber im gleichen Umfang neue Jobs in

---

[24] Wortbeitrag anlässlich des bitkom-Kongresses „Smart Country Convention 2018" in Berlin am 21.11.2018, persönliche Aufzeichnung.

anderen Berufs- und Tätigkeitsfeldern geschaffen (IAB 2018). Um die Transformation in die neuen Tätigkeiten zu erreichen, seien aber erhebliche Bildungs- und Weiterbildungsaktivitäten notwendig. Auch dies wird eine wichtige Voraussetzung sein, die Herausforderungen der digitalen Transformation zu meistern.

Vom Arbeitsplatzabbau werden viele Menschen in ländlichen Regionen betroffen sein - auch in der öffentlichen Verwaltung der Rathäuser und Gemeindeverwaltungen. Wenn Christoph Kesse in seinem 2018 erschienenen Buch *Disrupt Yourself* (Keese 2018) die Leser auffordert, im Disruptionsprozess, in dem Innovationen durch „Zerstörung" bestehender Strukturen und Prozesse entstehen, keine passive Rolle einzunehmen, sondern vielmehr eine „Selbstdisruption" zu betreiben, dann ruft er dazu auf, dass Menschen wie Institutionen sich rechtzeitig aus eingefahrenen Gleisen lösen und proaktiv die Digitalisierung angehen, um nicht von der digitalen Revolution überrollt zu werden. „Es ist besser, vor der Welle zu surfen, anstatt sie über sich zusammenschlagen zu sehen." (Keese 2018, S.21)

Insofern ist die Auseinandersetzung mit den Auswirkungen der Digitalisierung im ländlichen Raum keine Option, sondern eine obligatorische Notwendigkeit.

3.3 Smarte Begriffsvielfalt

Smart Cities und Smart Regions beschreiben „Siedlungsräume, in denen die regelmäßige Nutzung ökologisch, ökonomisch und sozial nachhaltiger Produkte, Dienstleistungen, Technologien, Prozesse und Infrastrukturen durch die hochintegrierte Vernetzung mittels Informations- und Kommunikationstechnologien systematisch ermöglicht und unterstützt wird" (Nationaler IT-Gipfel 2015, S.8).

Häufig wird für „Smart Region" synonym der Begriff „Smart Country" verwendet, wobei man hier oftmals nicht „smarte Länder und Staaten", sondern ländliche Regionen (oder „Smart Country Side", „Smart Rural Area", „Smart Village", „Digitales Dorf") meint.

In dieser Arbeit werden potentielle „Smart Cities" als Ballungsräume mit mehr als 500.000 Einwohnern interpretiert und „Smart Regions" (mit allen verwandten Begriffen) als Initiativen kommunaler ländlicher, klein- und mittelstädtischer Regionen zur individuellen oder gemeinschaftlicher Nutzung digitaler Lösungen für gegenwärtige und zukünftige Herausforderungen.

3.3.1 Definition von „smart"

Leider wird der Begriff „smart" inflationär genutzt und steht für alles, was sich für intelligent, gewitzt oder schlau hält! Wenn man an „smarte digitale Konzepte" für Städte und Regionen denkt, so sollten diese im Sinne eines erfolgreichen Projektmanagements S.M.A.R.T. sein - das Akronym steht für

- **S** Specific - eindeutig definiert
- **M** Measurable -messbar im Sinne der Erfolgskontrolle
- **A** Accepted - von den Beteiligten positiv angenommen
- **R** Reasonable - im Rahmen der Möglichkeiten realisierbar
- **T** Time-bound - Umsetzung zeitlich fixiert (Doran 1981, S.36)

Eine Idee kann „smart" sein, ein konkretes Umsetzungskonzept oder eine neue Applikation ebenfalls - aber wird mit der Anwendung einer Problemlösungs-Idee unter Zuhilfenahme einer digitalisierten Applikation oder durch Digitalisierung analoger Prozesse in einer digitalen Transformation eine Stadt oder eine ländliche Region automatisch zur „Smart City" oder „Smart Country Side"? Die Frage ist sicher zu verneinen!

Welche Ansätze es zur Klärung der Frage gibt, wann ein Lebensraum in welchem Grad als „smart“ zu bezeichnen wäre, darauf wird in Kapitel 6.1 eingegangen.

Smart City-Lösungen verfolgen eher den Ansatz *top down*, die Lösungen für die Smart Country Side werden eher *bottom up* entwickelt. Dazwischen sind die Übergänge fließend - sowohl von den Problemen und Herausforderungen her als auch von der Herangehensweise mit Lösungskonzepten im Rahmen einer digitalen Transformation.

Der Regierungsbezirk Oberfranken hat über eine Million Einwohner mit vier sogenannten „Oberzentren“ (Bamberg, Bayreuth, Coburg, Hof) und vielen Kleinstädte, ländlichen Regionen und dörflichen Strukturen. Die Problemstellungen sind aber vielfach ähnlich und somit gäbe es auch den Ansatz, die digitale Transformation aus einem „Smart City-Ansatz“ top down umzusetzen.

Breuer et. al. (2016) sind aber der Überzeugung, dass weder der strikte *top down*-Ansatz (Gefahr eines autoritären Systems) noch die ausschließliche *bottom-up*-Sichtweise (drohendes Chaos und fehlende Nachhaltigkeit) der richtige Weg bei der Entwicklung von smarten Konzepten für menschliche Lebensmittelpunkte seien. Sie empfehlen einen holistischen Ansatz, der gleichermaßen drei Dimensionen bei der Entwicklung smarter Lebensräume berücksichtigt:

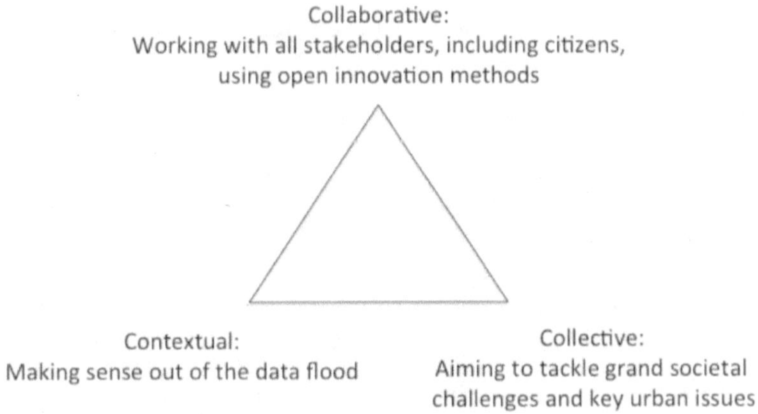

Abbildung 8: Drei Dimensionen zur holistischen Entwicklung einer Smart City
Quelle: Breuer et.al., S.162

3.4 Die Politik als Impulsgeber digitaler Transformationsprozesse

Williger und Wojtech von der Fraunhofer Arbeitsgruppe für Supply Chain Servicec (SCS) sind davon überzeugt, dass die Digitalisierung des ländlichen Raumes ein enormes Potential bietet für die zentralen Herausforderungen wie Landflucht, die überalternde Gesellschaft und unzureichende Versorgungsangebote (Williger und Wojtech, 2018a, S.3), weshalb sie zu einem wichtigen Steuerungsinstrument der Politik wird.

3.4.1 Digitale Transformation im Fokus von Politik und Wirtschaftsförderung

Im Rahmen der Bertelsmann-Studie *Smart Country - Vernetzt.Intelligent.Digital* (Bertelsmann 2017) kommen die Autoren zu dem Ergebnis, dass verstärkte politische Anstrengungen in den Regionen vorgenommen werden müssen, in denen die Wirtschaftskraft und die Daseinsvorsorge besonders leidet. Dazu haben sie alle Landkreise und kreisfreien Städte in Deutschland in insgesamt acht unterschiedliche Cluster eingeteilt, aufgrund dessen sich unterschiedliche Ansatzpunkte für Strategien zur effizienten Nutzung der Digitalisierung ergeben würden.

Hier zeigt sich bereits eine begriffliche Inkonsistenz, dass nämlich „Smart Country“ nicht für den „ländlichen Raum“ stehen muss, da hier auch eine Großstadt wie München in einem Cluster (Typ 8) auftaucht.

In der Tabelle wurden die oberfränkischen kreisfreien Städte und Landkreise hinzugefügt.

Clusteranalyse: die acht Raumtypen der Bertelsmann-Studie in Deutschland

		Anzahl Kreise	Anzahl kr.fr. Städte	D Anteil Einwohner	D Anteil Fläche	Oberfranken
Typ 1	Ostdeutsche Landkreise mit großen strukturellen Herausforderungen	53	4	26,6%	10,8%	---
Typ 2	Wachsende Landkreise mit guten Entwicklungschancen	70	0	18,2%	17,0%	LKs Bamberg, Forchheim
Typ 3	Westdeutsche Kreise mit durchschnittlichen Entwicklungschancen	122	0	37,3%	26,5%	LKs Bayreuth, Hof, Kulmbach, Kronach, Lichtenfels
Typ 4	Teilweise städtische Kreise mit Strukturschwächen	35	7	10,7%	8,5%	LK Wunsiedel
Typ 5	Kreisfreie Städte mit erheblichen Strukturschwächen	0	20	0,7%	3,4%	Stadt Hof
Typ 6	Stabile städtische Zentren mit Entwicklungspotenzial	11	33	4,0%	11,4%	---
Typ 7	Dynamische städtische Zentren mit guten Entwicklungschancen	0	30	1,6%	15,0%	Städte Bamberg, Bayreuth, Coburg
Typ 8	Prosperierende Zentren mit hervorragenden Zukunftschancen	1	16	0,9%	7,4%	---

Tabelle 5: Die acht Raumtypen der Bertelsmann Studie / Quelle: eigene Zusammenstellung, Daten aus Wichmann und Terfrüchte (2017), S. 18, 26 und 85ff)

3.4.2 Unterstützungsprogramme auf Europa-, Bundes- und Landesebene

Die Gestaltung des unmittelbaren Lebensumfeldes ist eine kommunale Aufgabe als Angelegenheit der (über-) örtlichen Gemeinschaft. Die Daseinsvorsorge verantwortet qua Verfassung die kommunale Selbstverwaltung.

Quer durch alle europäischen sowie Bundes- und Landesregierungen gibt es eine Vielzahl von Anstrengungen und Aktivitäten, um in den Regionen wirtschaftliche und sonstige Ungleichgewichte auszugleichen und für „gleichwertige Lebensverhältnisse“ unter Zuhilfenahme der Digitalen Transformation zu sorgen.

3.4.3 Bled Declaration for a Smarter Future of the Rureal Areas in EU

Europäische Kommission und EU-Parlament haben in einer gemeinsamen Deklaration am 13.April 2018 festgestellt, dass die Digitale Transformation für „rural areas“ (ländliche Gegenden) ein großes Potential liefert, um die Lebensqualität der Menschen zu verbessern, den dortigen Bevölkerungsrückgang zu stoppen und gleichwertige Lebensverhältnisse zwischen städtischer und ländlicher Bevölkerung zu erreichen (European Commission 2018).

Eine „Smart Village“ zeichnet sich danach durch folgende Eigenschaften aus:

> "Smart Villages are rural areas and communities which build on their existing strengths and assets as well as on developing new opportunities", where traditional and new networks and services are enhanced by means of digital, telecommunication technologies, innovations and the better use of knowledge" (ebda. S.1).

In der Deklaration wünscht sich die Kommission den Start dieser Entwicklung bereits für das Jahr 2019 und glaubt, dass sich in diesen „Smart Villages“ Menschen versammeln, die Initiativen ergreifen, lokale Ressourcen zur Problemlösung freisetzen und die Chancen in den Herausforderungen erkennen. Die neuen digitalen Technologien werden als kraftvolle Werkzeuge gesehen, um die folgenden Handlungsfelder erfolgreich zu bearbeiten:

- Nachhaltige Landwirtschaft
- Digitale Plattformen für e-learning, e-health, e-administration, Mobilitätsdienste und Nahversorgung
- shared economy
- Abfallmanagement und Müllreduzierung
- Erneuerbare Energien
- Tourismus
- Soziale Innovationen

Mit diesen Aktivitäten würden sich, so die Kommission, auch für gute ausgebildete junge Leute neue Möglichkeiten finden, in ländlichen Regionen neue und qualifizierte Arbeitsplätze zu finden.

In einem Video vom Juli 2018 präsentiert die Kommission ihre Vorstellungen von Smart Villages und dortiger Digitalisierungsprozesse[25].

Um solche Digitalisierungsprozesse anzustoßen, bietet die EU eine Vielzahl von zum Teil *milliardenschweren Fördermaßnahmen* (CAP, Horizon 2020, EFSI, ESIF, RUR), die zukünftig noch weiter ausgebaut werden sollen. Beispielsweise heißt es im RUR-Programm 2017:

> "The RUral Renaissance call offers €263 million to promote smarter, younger, greener, more circular and better-connected rural communities and value chains. The emphasis is on making *the digital transformation of society a reality for rural people and communities.* Around €100 million is dedicated to activities under both RUR and the ICT (Informations- und Kommunikationstechnologien, Anm.d.Verf.) part of the work programme focused on the uptake and development of digital technologies and on exploring the impact of these changes to prepare for the future."[26]

Die Bled Deklaration schließt mit folgendem optimistischen Ausblick:

„We believe that [...] digital and social transformation [...] helps so sustain, rebuild and develop strong rural communities throughout the Union". (European Commission 2018, S.2)

3.4.4 Bundeskabinett für gleichwertige Lebensverhältnisse in Deutschland

Am 18.Juli 2018 hat das Bundeskabinett mit den Ministern des Innern/Bau/Heimat, Ernährung/Landwirtschaft und Familie/Senioren/Frauen/Jugend die Einsetzung einer Kommission zur Erarbeitung konkreter Vorschläge berufen, wie in Zukunft Ressourcen und Möglichkeiten für alle in Deutschland lebenden Menschen gerecht verteilt werden können (Bundesregierung 2018).

---

25 Video der EU-Kommission: Smart Villages. Revitalisierung ländlicher Räume. https://www.youtube.com/watch?v=u3biVHAKlpU&list=PLocST8_B8egYdcnrG7EmMFZ4R2lW7ahmG&index=3

26 Quelle: https://ec.europa.eu/info/news/european-commission-announces-eu1-billion-funding-more-sustainable-agriculture-food-and-rural-development_en, eingesehen am 12.11.18

In den zu bildenden Facharbeitsgruppen wird die *Digitale Transformation* eine wichtige Rolle spielen.

Bereits in ihrer Digitalen Agenda 2014-2017 hatte die Bundesregierung eine Vielzahl von Einzelmaßnahmen der Digitalpolitik beschlossen, die speziell auch dem ländlichen Raum zugutekommen sollten: „Die Bundesregierung begleitet in ländlichen Regionen die wesentlichen Aspekte der Digitalisierung durch spezifische Strategien, Förderprogramme und Modellvorhaben und trägt auf diesem Wege dazu bei, den digitalen Wandel auch im ländlichen Raum aktiv zu gestalten" (Deutscher Bundestag 2016, S.2). In ihrer Antwort auf eine Anfrage von Parlamentariern zu *Chancen der Digitalisierung für ländliche Regionen* gab die Bundesregierung einen umfassenden Überblick über ihre diesbezüglichen Aktivitäten (ebd.)

3.4.5 Aktionsbündnis „Leben auf dem Land"

Das Bundesministerium für Ernährung und Landwirtschaft (BMEL) hat mit dem Deutschen Städte- und Gemeindetage, dem Deutschen Landkreistag, dem Zentralverband des Handwerks und der Deutschen Industrie- und Handelskammer das Aktionsbündnis *Leben auf dem Land* gestartet[27]. Das Bündnis will mit Digitalisierungsprojekten und ergänzenden Maßnahmen die ländlichen Regionen stärken.

3.4.6 Förderprojekte des Freistaates Bayern

Auch in Bayern steht die „Förderung gleichwertiger Lebensverhältnisse und Arbeitsbedingungen" ganz oben auf der Agenda. Nach einem Volksentscheid hat diese Aufgabe seit dem 15.09.2013 sogar Verfassungskraft und verpflichtet alle politisch Handelnden auf dieses Staatsziel. Der Freistaat hat bereits im Jahr 2013 ein Landesentwicklungsprogramm aufgelegt, das von den folgenden Forderungen geprägt ist:

> „Damit trotz bestehender Unterschiede alle Teilräume gleichwertige Entwicklungschancen haben, ist es notwendig, ein ausreichendes Angebot an Wohnungen, an Arbeitsplätzen sowie an Einrichtungen der Daseinsvorsorge und zur Versorgung mit Gütern zu schaffen oder zu erhalten. Zu den Einrichtungen

[27] https://www.bmel.de/SharedDocs/Pressemitteilungen/2018/051-Aktionsbuendnis.html, eingesehen am 05.10.2018

der Daseinsvorsorge gehören die technische Infrastruktur (z. B. Einrichtungen zur Versorgung mit Energie und Wasser sowie Entsorgung, Post und Telekommunikation sowie Verkehrsinfrastruktur) sowie die soziale und kulturelle Infrastruktur (z.B. Einrichtungen des Sozialwesens, der Gesundheit, der Bildung und der Kultur)." (Bayerische Staatsregierung 2013, S.9)

Mit der *Zukunftsstrategie Bayern Digital* strebt die Staatsregierung an, die treibende Kraft für ein „Wirtschaftswunder" in Deutschland zu werden und in einer Planungsperiode bis zum Jahr 2030 „jeden der wichtigen Wirtschaftsbereiche und Themenfelder Bayerns in die digitale Zukunft zu überführen" (Bayerische Staatsregierung 2018b, S.8). Dabei werden die Handlungsbereiche Industrie 4.0, IT-Sicherheit, Robotik in Wirtschaft und Gesellschaft, vernetzte und automatisierte Mobilität, Digitale Gesundheit, Smarte Energie, Digitale Medien, E-Commerce und Handwerk 4.0 genannt (ebd., S.8-9).

Im Rahmen des Förderprogrammes „Heimat digital" hat der Ministerrat am 26.Juni 2018 beschlossen, dass Digitalisierungsprojekte im ländlichen Raum und in Räumen mit besonderem Handlungsbedarf (-> Bevölkerungsrückgänge) mit jetzt bis zu 90% der Kosten zuschussfähig sind (Bayerische Staatsregierung 2018a). Die Digitale Transformation kann zur Erreichung dieser Ziele möglicherweise einen wichtigen Beitrag leisten.

3.4.7 Wettbewerb Digitales Dorf: Handlungsfelder

Im Rahmen eines Wettbewerbes, in dem „Räume mit besonderem Handlungsbedarf" sich mit ihren Digitalisierungskonzepten bewerben konnten und die Gewinner dann ab dem Jahr 2017 bei der Umsetzung von verschiedenen Institutionen (u.a. Fraunhofer IIS/SCS) unterstützt wurden, sind die Teilnehmer zu ihren größten Problemen und Herausforderungen befragt worden (Cäsar und Wojtech 2017, S.6). Diese Befragung ergab schwerpunktmäßig die in der folgenden Tabelle dargestellten wichtigsten Herausforderungen, bei der die Themen des öffentlichen Personennahverkehrs (ÖPNV), der Aufrechterhaltung von Einrichtungen im Gesundheitsbereich, der Leerstände von Gebäuden im Ortszentrum, der Aufrechterhaltung privatwirtschaftlicher Versorgungsangebote und der sich verstärkenden Überalterung die höchsten Zustimmungswerte erhielten:

Tabelle 6: Die wichtigsten Handlungsfelder in ländlichen Regionen / Quelle: eigene Darstellung, übernommen bei Fraunhofer 2017, S.24

Die angesprochenen Handlungsfelder sind teilweise von der Digitalen Transformation beeinflusst oder können mit passenden Digitalisierungskonzepten positiv im Sinne einer Problemlösung bearbeitet werden. Anhand einiger dieser Handlungsfelder werden verschiedene Konzepte und ihre mögliche Wirkung im nächsten Kapitel untersucht.

Als Wettbewerbsgewinner *Digitales Dorf* wurden zwei Projekte gewählt: neben einem Vorschlag der Region Spiegelau-Frauenau im Bayerischen Wald gewann das Projekt der *Steinwald-Allianz*, einem Zusammenschluss von 16 Gemeinden in der Oberpfalz und in Oberfranken (Fraunhofer 2017, S.54ff). Das Steinwald-Projekt wird in Kapitel 4.6 beschrieben.

4 Ausgewählte Handlungsfelder der regionalen digitalen Transformation

Vor der Lösung von Problemen steht deren Beschreibung und Analyse. Nach der Definition der gewünschten Änderungen und der damit verbunden Ziele können die konkreten Handlungsfelder ausgewählt und die Maßnahmen beschrieben und umgesetzt werden. Dies geschieht bei Berücksichtigung aktueller Technologietrends unter Einsatz und Zuhilfenahme intelligenter digitaler Infrastruktur (vgl. Kaczorowski und Swarat 2018).

Martin Finzel, erster Bürgermeister der Kleinstadt Ahorn und Vorsitzender der *Initiative Rodachtal*, sieht die folgenden wichtigen Handlungsbereiche für seine Gemeinde, deren Lösungsansätze zumindest in großen Teilen auch von der Digitalisierung beeinflusst oder bestimmt sind:

- Mobilität: der verringerte ÖPNV schränkt die Teilhabe der Menschen am öffentlichen Leben ein und beeinflusst insbesondere den Wert von Immobilien erheblich.
- Wasser und Abwasser: schwierige Finanzierung
- Breitband: trotz Förderprogramm müsste Gemeinde hohe eigene Kosten leisten, um eine flächendeckende Versorgung zu gewährleisten
- Ärztliche Versorgung und demografischer Wandel: Zahl der Hausärzte nimmt stark ab und Versorgungssituation verschärft sich. Zusätzlich bräuchte die überalternde Bevölkerung immer mehr Hausbesuche.
- Veränderung in der Flächen- und Siedlungsentwicklung: mit einer neuen flurnummerngenauen Erfassung soll Überalterung in den alten Baugebieten, Leerstände ländlicher Anwesen und fehlende Vitalität in den Ortskernen durch drohende Leerstände verhindert werden (MIOSGA: Gleichwertige Lebensverhältnisse, S.112-114)

Für die Darstellung der zu erwartenden Auswirkungen und deren potentiellen Beiträge zur Verbesserung der verschiedenen Problembereiche in ländlichen Regionen werden nachstehend folgende *Handlungsfelder der digitalen Transformation* untersucht:

- Digitale Infrastruktur (kabelgebunden)
- Mobile Datennetze
- E-Mobilität und Transport
- E-Health
- Smart Home und Ambient Assistent Living
- Nahversorgung
- E-Government und Open Data
- Open Government und E-Partizipation
- Schulung, Ausbildung, E-Learning und Digitale Teilhabe
- Arbeit und Wirtschaft
- Tourismus
- Landwirtschaft
- Smart Energy
- Kunst und Kultur
- Plattformen zur Bürgerkommunikation

4.1 Leistungsfähige digitale Infrastruktur

Seit geraumer Zeit hat die Politik erkannt, dass die Bereitstellung einer leistungsfähigen Infrastruktur zur Datenkommunikation wesentliche Voraussetzung dafür ist, die jetzt und zukünftig bereitstehenden Technologien und digitalen Prozesse für Wirtschaft und Gesellschaft auch zu nutzen.

Als führende Wirtschaftsmacht in Europa ist Deutschland beim Ausbau der Datennetze allerdings heute teilweise weit ins Hintertreffen geraten. In dem jährlich veröffentlichten Bericht der Europäischen Kommission zum Stand der Breitbandabdeckung in Europa schneidet Deutschland schlecht ab (Beckert 2017). eim Versorgungsgrad im „mittleren Mbit/s-Bereich“ (30 Mbit/s) gibt es in Deutschland lediglich eine Abdeckung von 84%.

Noch gravierender ist die Situation in ländlichen Regionen. Hier gibt es der Studie zufolge eine Abdeckung von aktuell nur 54%.

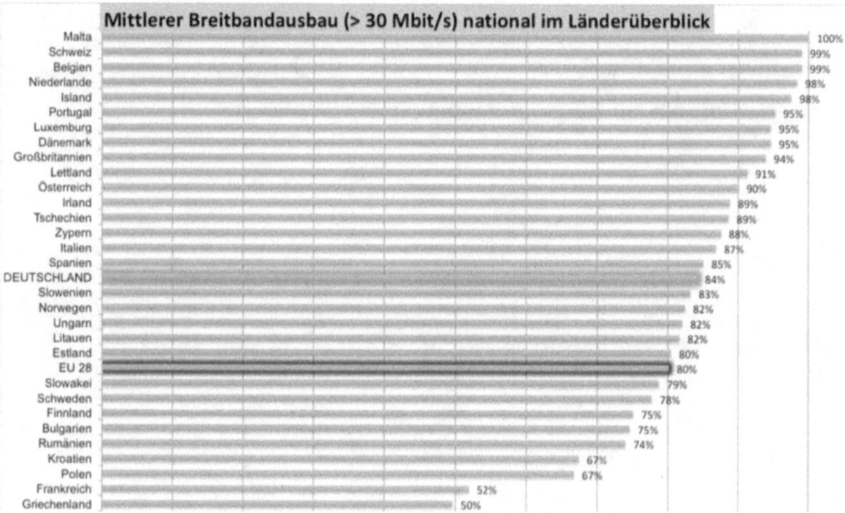

Tabelle 7: EU: Mittlerer Breitbandausbau (>= 30 MBit/s) national im Länderüberblick / Quelle: eigene Darstellung, Daten von European Commission (2017), Broadband Coverage in Europe 2017, S.200

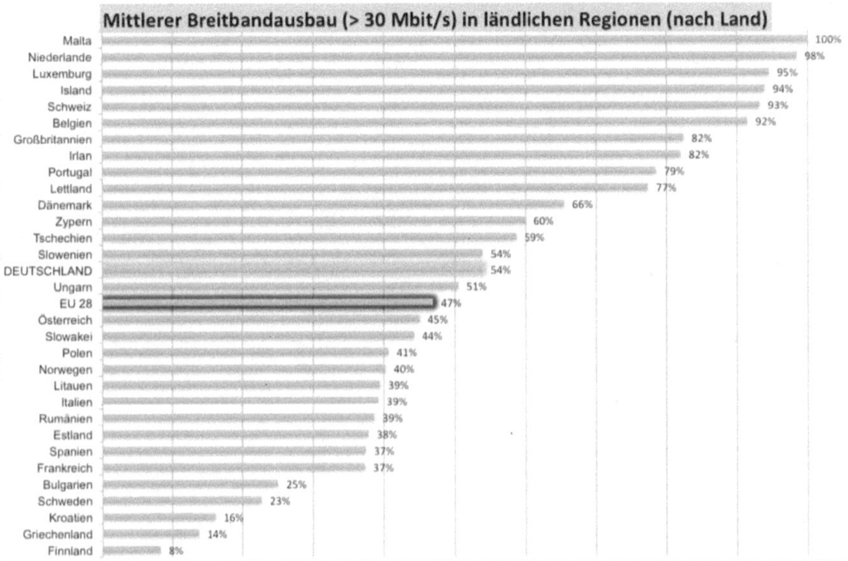

Tabelle 8: Breitbandausbau (>= 30 MBit/s) in ländlichen Regionen im Länderüberblick / Quelle: eigene Darstellung, Daten von European Commission (2017), Broadband Coverage in Europe 2017, S.200

Betrachtet man schließlich die Versorgung von Haushalten mit Glasfaseranschlüssen (FTTP - Fibre to the property), die erst mit Geschwindigkeiten jenseits der 100 Mbit/s die Qualitätsansprüche künftiger Internetanbindungen wie Up-Downloadsymmetrie, Echtzeitfähigkeit und Stabilität sicherstellen (acatech 2017, S.42) und als Indikator für die Zukunftsfähigkeit der Dateninfrastruktur eines Landes gilt, so sieht es speziell in ländlichen Regionen in Deutschland (und oft auch im restlichen Europa) sehr schlecht aus - wichtige Industrieländer und speziell Deutschland sind hier insbesondere gegenüber vielen Nationen „meilenweit" im Hintertreffen. Einen Grund (neben einer Reihe von anderen) analysierte Beckert bei der Analyse der Netzausbaustrategien in Europa. Er stellt fest, dass in den führenden Nationen beim Breitbandausbau staatliche Akteure - und insbesondere die Kommunen bzw. die kommunalen Unternehmen - stärker direkt in den Glasfaserausbau involviert waren und sind als dies in Deutschland der Fall ist (Beckert 2017, S.70).

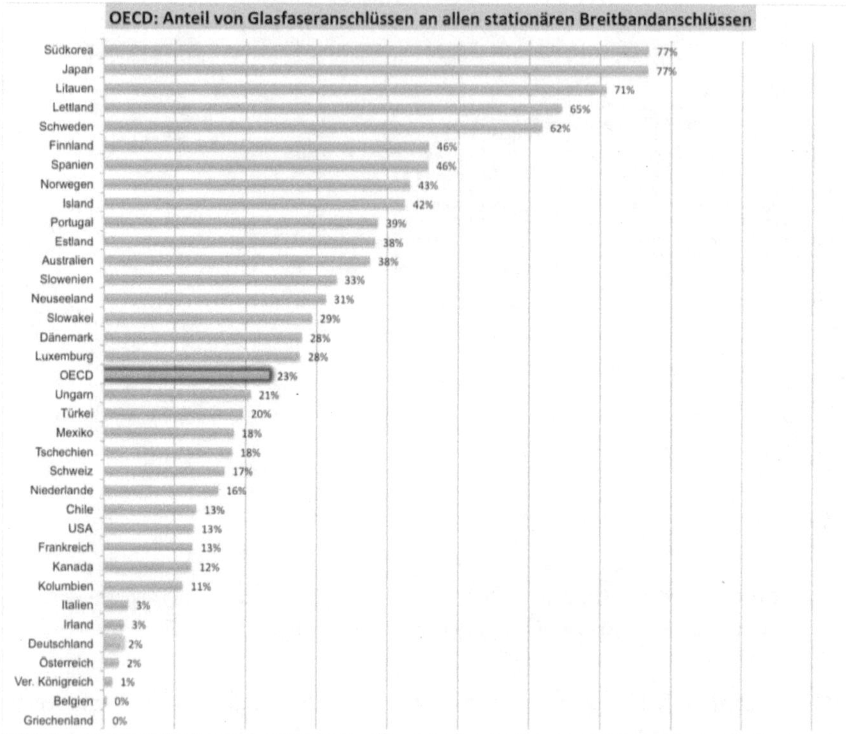

Tabelle 9: OECD: Anteil von Glasfaser an allen stationären Breitbandanschlüssen im Dez. 2017 / Quelle: eigene Darstellung, Daten statista.com, entnommen unter https://de.statista.com/statistik/daten/studie/415799/umfrage/anteil-von-glasfaser-anschluessen-an-allen-breitbandanschluessen-in-oecd-staaten/ am 03.10.2018

Dorothee Bär, Staatsministerin für Digitalisierung im Bundeskanzleramt und als Koordinatorin der Digitalisierungsaktivitäten aller Bundesministerien hauptverantwortlich für erfolgreiche Digitalisierungskampagnen, stellt ultimativ fest: „Der Weg in die *Gigabit-Gesellschaft* führt über eine möglichst flächendeckende Glasfaserinfrastruktur und ein Zusammenwachsen von Festnetz- und Mobilfunktechnologie (Konvergenz). Darin sind sich alle einig. [...] Ein »genug« beim Breitbandausbau gibt es nicht!" (Bär 2016)

Prof. Miosga vom Lehrstuhl für Stadt- und Regionalentwicklung an der Universität Bayreuth und als Vorstand des wissenschaftlichen Kuratoriums für den ländlichen Raum in Bayern Kenner der Problemstellungen im Land und speziell auch in der Region Oberfranken, sieht die Gefahr, dass die Disparitäten in der

Qualität der digitalen Infrastruktur das Land weiter spalten: „Stadt gegen Land, Metropole versus peripherer ländlicher Raum. Ohne diese neue Basisinfrastruktur gibt es keine Chance, von den Dezentralisierungspotenzialen der digitalen Wirtschaft zu profitieren". (Miosga 2017a, S.5-6).

Und weiter führt er aus, dass nur auf Basis einer leistungsfähigen Infrastruktur sich neue digitale Dienstleistungen zur Verbesserung der Lebensqualität ländlicher Räume implementieren lassen und damit Standortnachteile im Zugang zu Infrastruktur der Daseinsvorsorge (Gesundheitswesen, Grundversorgung, Bildung) kompensiert werden könnten (ebd., S6).

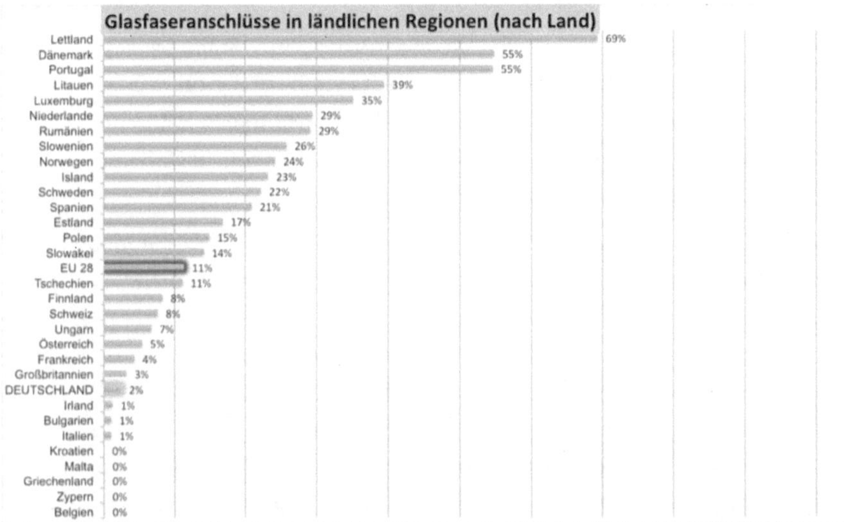

Tabelle 10: EU: Verfügbare Glasfaseranschlüsse in ländlichen Regionen im Länderüberblick / Quelle: eigene Darstellung, Daten von European Commission (2017), Broadband Coverage in Europe 2017, S.202

In einer umfangreichen Analyse für das ZEW (Zentrum für Europäische Wirtschaftsforschung) über die potentiellen Auswirkungen eines staatlich subventionierten flächendeckenden Angebotes des „ultraschnellen Breitbandes" mit Glasfaser auf die europäische Wirtschaft kommen die Autoren Briglauer und Gugler allerdings einschränkend zu dem Ergebnis, dass ein genereller und pauschaler Ausbau der Gigabit-Anschlüsse ökonomisch kontraproduktiv sei. „Our cost benefit analysis implies that policy intervention would only be justified for moderate coverage levels of around 50% of fast or ultra-fast broadband, whereas for 100% coverage levels we find net losses to society. Thus, it appears that – for the time being – a combination of basic broadband, fast and ultra-fast broadband entails the largest economic net benefits to society." (Briglauer und Gruber 2018, S.26).

Fabling und Grimes kommen in einer breit angelegten Studie zur Wirkung von Investitionen der Regierung von Neuseeland in Glasfaseranschlüsse (Ziel: 80% der Bevölkerung bis 2022) gar zu dem Ergebnis, dass lediglich eine *Bereitstellung* dieser Netzzugänge *keine positiven Auswirkungen* auf die Informations- und Kommunikationstechnologie der Unternehmen mit sich brächte, das Geld sie vielmehr besser in betriebliche Neuorganisationen zu investieren. „Furthermore, the finding that UFB (UFB - UltraFastBroadband, Anm. d.Verf.) adoption in the absence of complementary investments yields no better (and frequently worse) outcomes than non-adoption of UFB, implies that it is the presence of complementary investments that is leveraging the benefits of UFB adoption for firm performance. (Fabling und Grimes 2016, S.22).

In der MICUS-Studie aus dem Jahr 2018 zur *Bedeutung des Breitbandausbaus von Gewerbegebieten für Standortattraktivität und Unternehmenserfolg* wurden 413 Unternehmen in Deutschland befragt und es zeigte sich, dass der Breitband-Ausbau herausragende Möglichkeiten bietet, Gewerbegebiete in ländlichen Räumen zu stärken. Wichtigste Erkenntnis war hier, dass ein schneller Internetzugang mit höheren Umsätzen der Unternehmen positiv korreliert! Gleichzeitig stellte die Studie aber fest, dass viele Unternehmen gerade auf dem Land bereits bestehende Angebote für einen Glasfaseranschluss noch nicht nutzen, um die Transformation von der Industrie- zur Wissens- & Informationsgesellschaft zu vollziehen, wobei u.a. ein deutlicher Nachholbedarf bei der Nutzung von Cloud-Services, E-Learning und Home-Office ausgemacht wurde (Micus 2018).

4.1.1 Kann der flächendeckende Breitbandausbau hin zu Gigabit-Netzen als Teil der digitalen Transformation die ländlichen Regionen retten?

Miosga betrachtet die Bereitstellung von schnellem Internet als kommunale Basisinfrastruktur neben Energie-, Abwasser- und Trinkwasserversorgung. Er sieht die virtuelle Erreichbarkeit des ländlichen Raumes als entscheidenden Entwicklungsfaktor, wo mit innovativen digitalen Dienstleistungen neue Perspektiven eröffnet und ein Verschwimmen der Unterschiede zwischen Stadt und Land als Wirtschaftsstandort begünstigt wird (Miosga 2016, S.19).

Aus Sicht des Verfassers ergibt sich die Notwendigkeit des Ausbaus der leitungsgebundenen Netze im Gigabyte-Spektrum in allererster Linie für Wirtschafts- und Landwirtschaftsbetriebe, Forschungs- und Verwaltungseinrichtungen und Coworking-Places, hier aber auch und vor allem im ländlichen Raum. Und auch die renommierte *Bertelsmann-Studie*, wo man sich seit einigen Jahren mit dem Thema „Smart Country" intensiv beschäftigt, kommt zu dem Ergebnis, dass leistungsfähige Breitbandnetze zwar durchaus eine infrastrukturelle Voraussetzung für regionale Digitalisierungsstrategien seien, diese aber nicht ersetzen. „Somit geht die derzeit in Deutschland geführte Debatte um einen vorrangigen Ausbau der Breitbandnetze sogar an den eigentlichen Themen einer Smart-Country-Strategie vorbei." (Wichmann und Terfrüchte 2017, S.8)

In den Regionen, die mit schnellen Glasfasernetzen bis ins Haus erschlossen sind, wo vorher nur bis 50 Mbit/s. nutzbar waren, nutzen aus Gründen fehlendem Bedarfes und hoher Kosten heute weniger als 30% der Kunden den schnellen Internetanschluss[28].

Eine sehr kostenintensive Versorgung privater Haushalte zu Lasten öffentlicher Kassen mit einer direkten Glasfaseranbindung erscheint deshalb in den nächsten Jahren nicht notwendig, was auch Oliver Falck, Leiter des ifo Zentrums für Industrieökonomik und neue Technologien, so beurteilt (Falck und Mazat 2016, S.26-28).

Allerdings sollten bei allen Tiefbaumaßnahmen Vorkehrungen für zukünftige Installationen getroffen werden.

---

28 Welt am Sonntag vom 14.10.18: Die Breitband-Falle, S.33f

4.2 Die Bedeutung der mobilen Datennetzwerke

Neben der Internetanbindung über Datenleitungen kommt der mobilen Datenkommunikation eine immer größere Bedeutung zu. Mit dem heutigen LTE-Cat-12-Standard (LTE: Long Term Evolution) ließen sich bereits Downloadgeschwindigkeiten bis zu 500 Mbit/s. realisieren[29].

Leider ist auch hier Deutschland und speziell der ländliche Raum gegenüber den meisten anderen EU-Ländern im Hintertreffen und nicht auf der Höhe der Zeit.

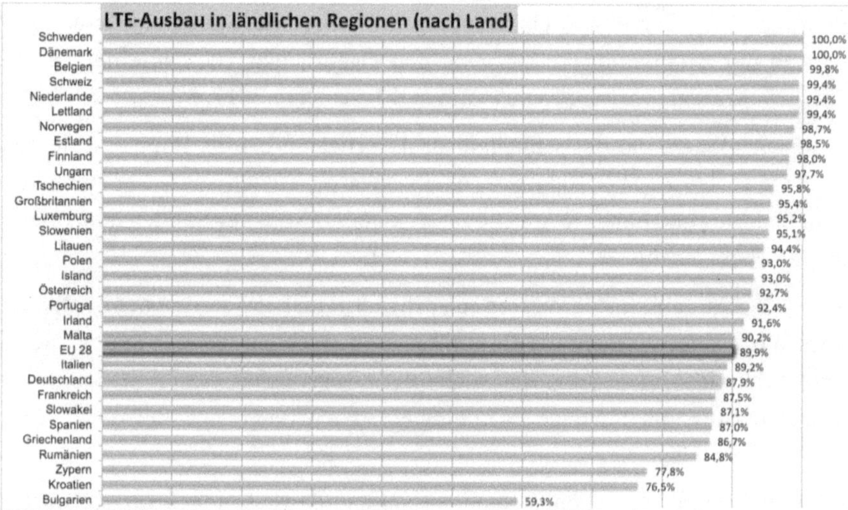

Tabelle 11: LTE-Ausbau in ländlichen Regionen im Länderüberblick / Quelle: eigene Darstellung, Daten v. European Commission (2017), Broadband Coverage in Europe 2017, S.202

Bei der LTE-Abdeckung ist noch zu berücksichtigen, dass hier die Summe aller Mobilfunknetzbetreiber herangezogen wurde (in Deutschland also Telekom, Vodafone und o2 -alle ohne nationales Roaming!). Die einzelnen Netze haben noch eine deutlich geringere Abdeckung! Das „beste" Netz in Deutschland *Deutsche Telekom T-Mobile* (connect 2018) kommt nach einer aktuellen Auswertung der renommierten Unternehmensberatung *P3 communications* sogar nur auf eine LTE-Flächendeckung von 75%[30]!

---

[29] https://www.4g.de/news/was-ist-eigentlich-lte-cat-11050/, eingesehen am 11.10.2018

[30] Welt am Sonntag vom 25.11.18: Deutschland im Funkloch, S.33f

Die nachstehende Karikatur illustriert eindrücklich die Situation in vielen ländlichen Regionen in deutschen Landen:

Abbildung 9: Viele weiße Mobilfunk-Flecken in Deutschland / Quelle: Stephan Rürup in Welt am Sonntag vom 18.11.2018, S.12

Käme man mit den heutigen Anforderungen an mobile Datennetze mit einem flächendeckenden (!) LTE-Netz noch gut zurande, erfordern die jüngsten Entwicklungen der Digitalisierungstechnik wie Autonomes Fahren, Industrie 4.0/Smart Factory/Smart Farming und das „Internet der Dinge" (IoT - Internet of Things) eine neue mobile Datentechnik, die höchste Geschwindigkeiten (15 Gigabit/s.) mit größter Stabilität und Verfügbarkeit (99,999%) bei geringster Latenz (Reaktionszeiten bis unter einer Millisekunde) ermöglicht (Rügheimer 2018). In Verbindung mit Glasfasernetz-Anbindungen kann nur der neue 5G-Mobilfunkstandard diese Anforderungen erfüllen.

Als Teil der „Vision Industrie 4.0" verbinden sich zukünftig Menschen, Objekte und Systeme zu „dynamischen, echtzeitoptimierten und sich selbst organisierenden, unternehmensübergreifenden Wertschöpfungsketten, die sich nach unterschiedlichen Kriterien optimieren lassen" (acatech 2017). Intelligente Maschinen, Lagersysteme und Betriebsmittel tauschen eigenständig Informationen aus und steuern sich gegenseitig selbstständig. Die Produkte sind eindeutig identifizierbar, jederzeit lokalisierbar und kennen ihre Historie, den aktuellen

Zustand sowie alternative Wege zum Zielzustand (Bayerische Staatsregierung 2018b, S.27).

Es gibt Schätzungen, dass im Jahr 2020 weltweit mehr als 20 Milliarden vernetzte Geräte im „Internet der Dinge" (IoT) zu finden seien[31]. Der Datenverkehr wird jährlich um mehr als 20% wachsen und jeder Endnutzer wird über zehn *mobile devices* sein Eigentum nennen. Mehr als zwei Drittel des gesamten Internetverkehrs wird dann generiert durch drahtlose und mobile Geräte (Kopp 2016).

In Deutschland sollen die für die Betreiber der Netze notwendigen Lizenzen im Jahr 2019 versteigert werden. Da seitens der Bundesnetzagentur bisher lediglich eine die Netzbetreiber verpflichtende Funkabdeckung von 98% der Wohnbevölkerung bis zum Jahr 2020 vorgesehen ist (Bundesnetzagentur 2018a, S.2), würden hier auch wieder speziell ländliche Regionen weiter ins Hintertreffen geraten (Bertschek et. al 2018).

Durch einen forcierten Ausbau der 5G-Netze speziell in ländlichen Regionen könnte man zum Teil auch die Technologie der leitungsgebundenen Anbindung von Haushalten und Unternehmen in schlecht versorgten Gebieten, die nur mit sehr hohen Kosten zu erschließen wären, überspringen. Einen ersten Ansatzpunkt bietet hier der oben erwähnte Koalitionsentwurf der Bundesnetzagentur, der die Netzbetreiber verpflichten will, 500 Basisstationen mit mindestens 100 Mbit/s in „weißen Flecken" in Betrieb zu nehmen und gleichzeitig ein *nationales Roaming für alle* zu öffnen (Bundesnetzagentur 2018a, S.2).

4.2.1 Kann der flächendeckende Mobilfunknetzausbau hin zu 5G-Netzen als Teil der digitalen Transformation die ländlichen Regionen retten?

In einer Pressemitteilung zur Konferenz „Vernetzt, digital, mobil – Ländliche Regionen im Wandel" am 20.Juni 2017 erklärte der damalige Bundeslandwirtschaftsminister Christian Schmidt:

> „Wir brauchen 5G nicht nur in Frankfurt und Hamburg, wir brauchen die Zukunft auch in der Eifel und in der Altmark. Darum habe ich mich bei der Entwicklung der 5G-Strategie der Bundesregierung nachdrücklich dafür

31 Quelle: Gartner. Prognose zur Anzahl vernetzter Geräte im Internet der Dinge weltweit bis 2020 veröffentlich bei statista.com. Eingesehen am 12.10.2018

> eingesetzt, diese Technologie flächendeckend in Deutschland einzuführen. Gerade in ländlichen Regionen ist die Digitalisierung der Nährboden für intelligente Lösungen, mit denen das Zusammenleben, die Daseinsvorsorge und die Wirtschaft neu aufgestellt werden können. Wir brauchen eine neue Digital-Kultur, die Chancen erkennt, neue Partnerschaften ermöglicht und die den Grundsatz ‚Vorrang für den ländlichen Raum' berücksichtigt." (BMEL 2017a, S.1)

Dieser Einschätzung schließt sich der Verfasser voll umfänglich an - ein schneller Ausbau der digitalen Mobilfunknetze in ländlichen Regionen kann einen wichtigen Beitrag zur „Rettung" der Rural Areas leisten.

Nachtrag: Am 26.11.2018 beschloss der Beirat der Bundesnetzagentur verbindlich, dass es entsprechend dem Willen der Netzbetreiber Telekom, Vodafone und o2 im neuen 5G-Netz *kein nationales Roaming* geben wird. Es bleibt auch bei dem ursprünglichen Plan einer *Abdeckung von 98%* der Haushalte bis zum Jahr 2024 (Bundesnetzagentur 2018b), was eine *Flächenabdeckung von nur 85-90%* bedeutet und auch zukünftig viele ländliche Regionen abhängt!

4.3 E-Mobilität und Transport

Der Themenbereich der Mobilität kommt in ländlichen Regionen eine herausragende Bedeutung zu. Die teilweise geringere Dichte von Arbeitsplätzen und Bildungseinrichtungen sowie die größeren Distanzen zu Einkaufsmöglichkeiten, kulturellen Einrichtungen oder Ärzten und Apotheken erfordert zur Alltagsbewältigung obligatorisch eine Mobilität der dörflichen Bewohner, die ein Schlüssel für die Teilhabe am gesellschaftlichen Leben darstellt (Williger und Wojtech 2018a, S.12).

Mobilität ist der SPD-nahen Friedrich-Ebert-Stiftung nach auch ein wichtiger Eckpfeiler unseres Sozialstaats. In einer aktuellen Veröffentlichung zum Thema *Mobilität im ländlichen Raum* stellt sie fest, dass es eine wesentliche Voraussetzung für persönliche Freiheit, gesellschaftliche Teilhabe und die Identifikation mit Kommune, Region und Staat sei, auch ohne eigenes Fahrzeug schnell, kostengünstig, umweltschonend und sicher die Arbeitsstelle, Schule, Ausbildungsstätte, Einkaufsgelegenheit, Apotheke, Freizeiteinrichtung oder Ähnliches zu erreichen (FES 2018, S.3).

Die Notwendigkeit der Mobilität bei geringen ÖPNV-Angeboten führt heute zu einer deutlich höheren PKW-Dichte auf dem Land, was natürlich auch negative Umweltauswirkungen mit sich bringt. Nach einer aktuellen Analyse des infas-Institutes (BMVI 2018a, S.11) haben auf dem Land doppelt so viele Haushalte mehr als einen PKW als in der größeren Stadt (37% zu 18%), dagegen haben dort dreimal mehr Haushalte keinen PKW als im Vergleich zum Land (31% zu 10%).

Bei der Frage nach der Zufriedenheit mit den Angeboten der öffentlichen Verkehrsmittel steigt die Unzufriedenheit mit sinkender Urbanität. Sind in der Metropole nur 4% unzufrieden (Urteil mangelhaft oder ungenügend), steigt der Wert in ländlichen Regionen auf 32% an (ebd., S.25).

Generell sollten neue Mobilitätskonzepte konsequent für die Bedürfnisse der Menschen entwickelt werden, wobei regional unterschiedliche Schwerpunkte bei den Nutzergruppen wie Senioren, Schüler, Berufspendler und Touristen zu beachten sind (Bausback et. al. 2016, S.50).

4.3.1 Integrierten Leitstelle für Notfallversorgung, Medizinverkehr und ÖPNV (ILSE)

Im Landkreis Vorpommern-Greifswald lief bis August 2018 das vom Bundesministerium Verkehr und Infrastruktur geförderte Projekt ILSE (Integrierte Leitstelle Erweiterung) unter dem Motto, dass Mobilität im ländlichen Raum gleichbedeutend mit Lebensqualität ist.

Die integrierte Leitstelle für Notfallversorgung wurde erweitert um allgemeinen Medizinverkehr und digital mit dem ÖPNV zur Koordination und Vermittlung von Beförderungs-, Transport- und Informationsaufgaben verknüpft.

Die ISLE-Idee ist eines von 18 ausgewählten Konzepten/Regionen aus dem Modellvorhaben *Langfristige Sicherung von Versorgung und Mobilität in ländlichen Räumen* des BMVI. In diesem von 2016 bis 2018 laufenden Förderprojekt sollen verkehrsplanerische Ansätze und die Standortplanung von Versorgungseinrichtungen zusammengeführt werden. Die Angebote der Daseinsvorsorge sollen mittel- bis langfristig an räumlich möglichst günstigen Standorten gebündelt („Kooperationsraumkonzept") und ihre Erreichbarkeit sichergestellt werden („Mobilitätskonzept"). Ein Abschlussbericht, der nicht mehr in dieser Arbeit ausgewertet werden konnte, beschreibt die Ergebnisse der 18 Einzelprojekte (BMVI 2018b).

Abbildung 10: ILSE -Just-in-time-Transporte für gesundheitliche Anlässe / Quelle: http://www.modellvorhaben-versorgung-mobilitaet.de, entnommen am 25.10.18

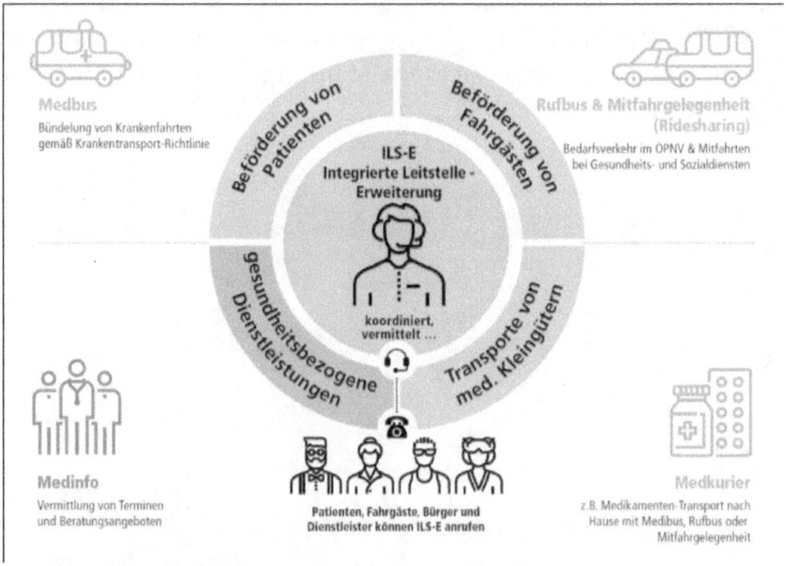

Abbildung 11: Integrierte Leitstellen-Erweiterung im Landkreis Vorpommern-Greifswald / Quelle: Deutscher Landkreistag 2018, S.15

4.3.2 Fifty-Fifty-Taxi-App für junge Leute

Speziell als ein Angebot für junge Leute zwischen 16 und 27 Jahren haben seit einigen Jahren die Landkreise Lichtenfels und Kulmbach ein Mobilitätsangebot aufgelegt. An Wochenenden und vor Feiertagen („Diskozeit") haben die jungen Leute abends und nachts die Möglichkeit, über eine spezielle App ein Taxi zu rufen und nur 50% des Fahrpreises zu zahlen - den Rest übernimmt der Landkreis[32].

4.3.3 Das Auto vom Nachbarn mieten

Eine zukunftsweisende Idee hat das französische Startup-Unternehmen *drivy* umgesetzt, was einen Ausblick auf neue Mobilitätslösungen auch und gerade für das „flache Land" liefert.

Die drivy-Applikation bietet eine *Carsharing-Plattform*[33], bei der Autos von Privat an Privat stunden- oder tageweise gemietet werden können. Bereits 50.000 Fahrzeuge sind in dem Portal eingestellt, allerdings derzeit erst in einigen europäischen Großstädten.

4.3.4 Bad Birnbach - Erste autonome Buslinie Deutschlands

Die Deutsche Bahn hat im Oktober 2017 die erste *autonom und elektrisch fahrende Buslinie* in einem Pilotprojekt im bayerischen Bad Birnbach eingerichtet. Der Pendelbus bedient die 700 Meter lange Strecke zwischen Marktplatz und Therme und wurde laut einem Pressebericht der DB[34] innerhalb des ersten Jahres rund 20.000 Mal benutzt. Die Busse werden nun durch eine zweite Generation ersetzt, die 25 km/h statt bisher 15km/h schnell sein werden und mit einer Klimaanlage ausgerüstet sind, weshalb die Batterien noch öfter nachgeladen werden müssen. Die Strecke wird auf 1.400 Meter verlängert und bedient jetzt auch den Bahnhof. Und trotz fahrerloser Steuerung des Busses muss aber

---

32 www.lkr-lif.de/media/www.lkr-lif.de/org/med_266/13383_2018_05_17_flyerdinlang_ff_2018_final_3.pdf

33 https://www.drivy.de

34 https://www.deutschebahn.com/resource/blob/259942/5ff8f9ba554b7fa90cd574836614918d/Faktenblatt-autonomer-Bus-data.pdf, eingesehen am 11.11.18

immer ein „Fahrbegleiter“ an Bord sein, der bei Bedarf in das Fahrgeschehen eingreifen kann.

Abbildung 12: Autonom fahrender Bus in Bad Birnbach / Quelle: https://de.wikipedia.org/wiki/Autonomer_Bus_(Bad_Birnbach)

4.3.5 Ideenwettbewerb MobiDig

Am 8.Oktober 2018 rief Prof. Dr.Richard Göbel von der Hochschule Hof am Institut für Informationssysteme[35] (iisys) und Partner des vom Bundesministeriums für Verkehr und digitale Infrastruktur geförderten Projektes MobiDig[36] (Zuschuss 2,8 Mio. EUR von 2017-2020) den Ideenwettbewerb „für Produkt- und Geschäftsideen im Bereich der Mobilität im ländlichen Raum“ aus. Dabei geht es um Sharing Services, neuartige Konzepte für die Personenbeförderung und

---

35 https://www.iisys.de/

36 https://www.bmvi.de/SharedDocs/DE/Artikel/DG/mfund-projekte/mobilitaet-digital-hochfranken-mobidig.html

Ideen zur „Mobilisierung" der Bevölkerung[37]. Nachstehend einige Kernaussagen der Referenten[38]:

Prof. Göbel stellt als wichtigste Herausforderungen folgende Themen heraus:

- Periphere Regionen mit schrumpfender Bevölkerung im demographischen Wandel
- Zunehmende Abhängigkeit der alternden Bevölkerung vom öffentlichen Personennahverkehr (ÖPNV)
- Abnehmende Ressourcen im ÖPNV parallel zur schrumpfenden Bevölkerung

Im Rahmen des Projektes *Mobilität Digital* wurde bisher am iisys eine Systemarchitektur entwickelt, um die verschiedensten Daten im Zusammenhang mit Mobilitätskonzepten aus den unterschiedlichsten Quellen in einem „Data Lake" zu sammeln. Datenquellen sind u.a. Open Street Map, Luftbilder mit 20 cm (!) Auflösung, Detailkarten zur Bevölkerungsdichte, Detailkarten mit Gebäudemodellen, mobilfunkgestützte Mobilitätsströme, Nutzungszahlen des ÖPNV, individuelle Benutzerdaten über die noch zu entwickelnde MobiDig-App, Daten aus Sozialen Medien sowie Wetterdaten.

Einen Eindruck, wie verschiedenste Daten zur Mobilität bereitgestellt werden könnten, bekommt man auf der Rechercheplattform mCLOUD[39] des Bundesministeriums für Verkehr und digitale Infrastruktur (BMVI), das dort offen verfügbare Daten aus dem Bereich Mobilität und angrenzender Themen bereitstellt. Auch private Anbieter können ihre Daten einstellen. Nun geht es darum, Instrumente und Applikationen zu entwickeln, um die Daten des MobiDig-Projektes zur intelligenten Berechnung von Mobilitätsbedarfen und Mobilitätsangeboten in Echtzeit zu nutzen und darüber hinaus auch diese Bedarfe und Angebote zu prognostizieren, um sie besser steuern zu können (wann, wo und warum finden Bewegungen statt?). Dies soll in einer ebenfalls noch zu entwickelnden digitalen Leitstelle erfolgen, die im Jahr 2020 in einem Feldversuch zum Einsatz kommen soll.

37 https://www.mobidig.cloud/ideenwettbewerb/

38 eigene Aufzeichnungen am 08.10.2018 an der Hochschule Hof

39 https://mcloud.de/

Der *Landrat des Landkreises Hof*, Dr.Oliver Bär, formuliert seine Vision zur Zukunft der Mobilität:

> „Es bedarf eines nachfragegesteuerten und bedarfsgerechten Punkt-zu-Punkt-Verkehrs in der Fläche, kombiniert mit den Verbindungen der großen Linien im öffentlichen Personennahverkehrs. Das Gelingen ist dann nur eine Frage der Technik. [...] Junge Menschen haben nicht mehr den Anspruch, ein Auto zu besitzen. [...] Wir müssen bestmögliche Voraussetzungen für Mobilität schaffen, um die Transportlücke zwischen Stadt und Land zu schließen, und das mithilfe der Digitalisierung. [...] Wir werden nicht dort wohnen, wo wir arbeiten, sondern dort wohnen und leben wollen, wo eine funktionsfähige durchgängige Mobilität geboten wird".

Dass vor allem auch die letzte These des Landrates plausibel ist, zeigt sich u.a. an der Entwicklung der Regionen rund um den Arbeitsplatz „Stadt München", wo allein durch einen S-Bahn-Anschluss die Gemeinden in einer Entfernung von bis zu 45 km (z.B. Ebersberg, Wolfratshausen, Petershausen, Altomünster) einen ständigen Boom erleben (siehe hierzu Quantum 2018).

In der gleichen Veranstaltung verdeutlicht Andreas Weinrich, Geschäftsführer der Logistik Agentur Oberfranken, dass die privat genutzten Fahrzeuge im Schnitt nur 33km pro Tag fahren, meist nur von einer Person genutzt werden und zu 90% „ungenutzt vor der Türe stehen"[40].

Prof. (em.) Peter Klaus von der Uni Erlangen-Nürnberg (FAU) stellte eine Untersuchung für die *Region Hochfranken* (Nordostoberfranken) vor, in der er aufzeigte, dass dort pro Arbeitstag rund 800.000 Wege der Bevölkerung anfallen (122 Tsd. Arbeit, 52 Tsd. Schule, 249 Tsd. Freizeit, 52 Tsd. Behörden/Gesundheit, 32 Tsd. Einkauf/Besorgungen und 50 Tsd. Wirtschaftsverkehr), die ein *großes Potential zur digitalen Optimierung* böten.

4.3.6 2.100 autonom fahrende Kleinbusse für den Landkreis Kronach

Mehr oder weniger „zufällig" gelang die Sichtung einer sehr umfangreichen Auftragsstudie der TU Darmstadt (Lehrstuhl Verkehrsplanung und Verkehrstechnik) zu der Frage, inwieweit in einem Planungshorizont bis zum Jahr 2030 der

40 siehe auch https://de.statista.com/statistik/ daten/ studie/644381/umfrage/fahrleistung-privater-pkw-in-deutschland-nach-bundesland/

Personenverkehr in einem Landkreis komplett auf autonom fahrende öffentliche Transportfahrzeuge umgestellt werden könnte (von Mörner 2018).

Aufgrund verschiedener Kriterien sowie einer guten Datenbasis wurde als Studienobjekt der *Landkreis Kronach* ausgewählt, wo man im Rahmen umfassender Haushaltsbefragungen die Transportbedarfe ermittelte und bis zum Jahr 2030 extrapolierte.

Grundlage der Studie bildeten verschiedene Annahmen hinsichtlich allgemeiner Megatrends (M1-M5), Trends hinsichtlich Nachfrage (N1-N6) und Angeboten (A1-A6) sowie Abschätzungen bezüglich zukünftiger Mobilitätsangeboten:

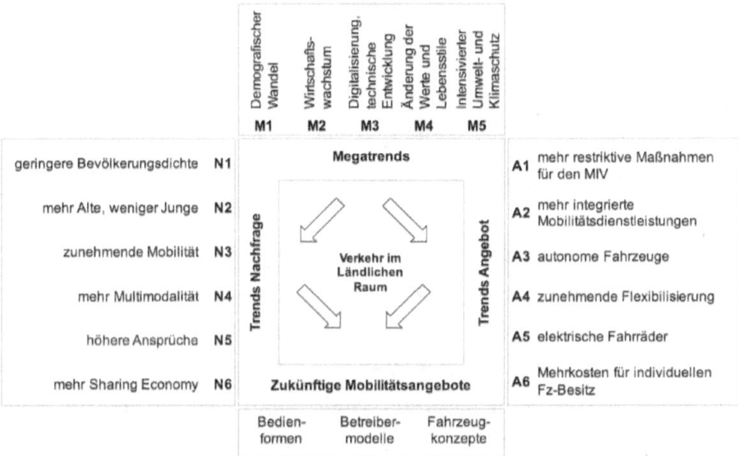

Abbildung 13: Trends in der Entwicklung von Verkehrsnachfrage und Verkehrsangebot / Quelle: von Mörner 2018, S.20

Das *Ergebnis* der sehr detaillierten Analyse: Derzeit sind bei ca. 70.000 Einwohnern rund 43.000 Fahrzeuge im Landkreis unterwegs. Für das postulierte Ziel, sämtliche PKW, Busse und Regionalbahnen im Landkreis „abzuschaffen" und alle Transportbedarfe der Bevölkerung mit autonom fahrenden und elektrisch betriebenen Fahrzeugen bei einem sehr hohen Qualitätsgrad „Door to Door" (max.100m von Haustüre) wirtschaftlich abzudecken, bedarf es einer Flotte von rund 2.800 vier- und achtsitzigen Kleinbussen.

Da die Auftraggeber der Studie, die Deutsche Bahn und die Adam Opel AG, aus wettbewerblichen Gründen keine Detailveröffentlichung der Studie wünschten, so Prof. Boltze vom forschenden Lehrstuhl auf Anfrage, wurden die Ergebnisse nicht öffentlich gemacht, stehen aber als Dissertation an der Universität Darmstadt auch per Download zur Verfügung[41].

4.3.7 Mobilität in der vierten Dimension: blockchain-fähige multimodale Plattformen

Im Jahr 2018 stellte der Smart City-Experte Boyd Cohen, der auch das Smart City Wheel entwickelt hatte (siehe Kapitel 2.1), seine Vision des blockchain-basierten *Internet der Mobilität* als vierte Dimension zukünftiger Mobilität vor. In diesem Modell entwickelt sich die Mobilität über vier Ebenen:

- Ebene 1: einzelne Mobilitätsbetreiber mit einzelnen Transportsystemen, z.B. Deutsche Bahn, städtischer Busverkehr, uber, Flixbus, car2go oder Bodensee Schifffahrt
- Ebene 2: einzelne Mobilitätsbetreiber mit verschiedenen Transportsystemen, z.B. Deutsche Bahn mit Bahn, Bus, Car Sharing und Fahrädern
- Ebene 3: mehrere Mobilitätanbieter mit vernetzen Transportsystemen, z.B. Verkehrsverbund Großraum Nürnberg (VGN), der derzeit 119 Verkehrsunternehmen in einem geschlossenen System vernetzt hat [42]
- Ebene 4: im *Internet der Mobilität* (IoMob) lassen sich über eine offene Big-Data-Plattform verschiedenste Mobilitätsanbieter mit einer Vielzahl von Transportsystemen kombinieren. Der Nutzer kann seinen Transportbedarf beliebig zusammenstellen und über die Plattform buchen. Die Daten werden über eine Blockchain übertragen, die auch die Abrechnungen managt. Cohen erklärt den Vorteil u.a. damit, dass das Hub den Plattform-Mobilitätsprovidern die Daten eines Nutzers zur Verfügung stellt. So könnte z.B. eine örtliche Pendler-Fahrgemeinschaft einen Bedarf des Nutzers erkennen, dass dieser bei Regen statt mit dem Fahrrad lieber mit einem Auto zum Bahnhof fährt und ihm diesen Transportdienst im Einzelfall anbieten könnte.

Mithilfe intelligenter Analysemethoden und dem Einsatz von künstlicher Intelligenz lassen sich zukünftig bis zu 80% der Transportbedarfe jedes einzelnen Menschen sowohl in der Stadt als auch auf dem Land sicher voraussagen und

---

41 http://tuprints.ulb.tu-darmstadt.de/7483/, zuletzt geprüft am 22.11.18

42 https://www.vgn.de

die Transportmittel danach im Internet der Mobilität planen und disponieren (Comtrade 2016, S.9f).

> „Thus, an open protocol, blockhain-powered Internet of Mobility solution could allow an infinite combination of modalities to users that would be driven by their needs, not what the single, proprietary mobilty operator has negotiated. Furthermore, because an open hub exposes all validated mobility services to all users, innovative startups, say the electric scooter sharing system *ecooltra* could be discoverable by all mobility users in the area and have a fighting chance at being more widely adopted."[43]

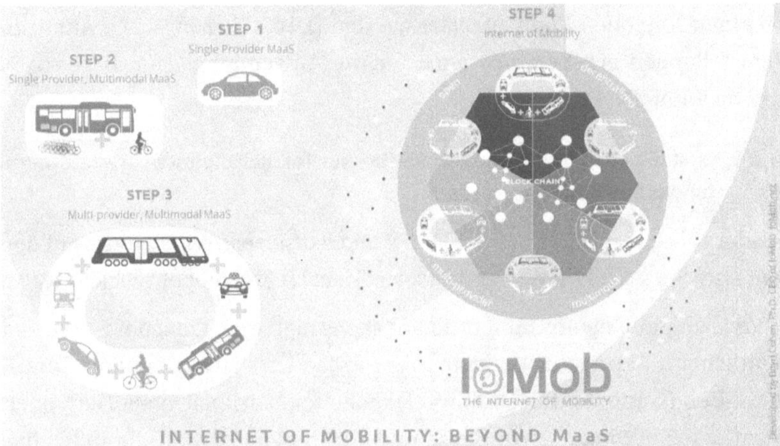

Abbildung 14: Blockchain-basiertes multimodales Internet der Mobilität / Quelle: Boyd Cohen, entnommen am 23.11.18 bei https://medium.com/iomob/personalized-mobility-as-a-service-via-blockchain-321dd9ffc3bf

4.3.8 Kollidiert der Data Lake mit dem Datenschutzrecht?

Das DIVSI (2016a) weist auf die vielschichtigen Probleme bei dem Sammeln massenhafter Bewegungsdaten hin, da BIG Data dem „traditionellen" Datenschutzrecht mit seinen Forderungen nach Datensparsamkeit und Zweckbindung widerspricht. Es müsste z.B. gewährleistet sein, dass die Lieferung persönlicher Tracking-Daten (z.B. Bewegungsdaten über das Smartphone) freiwillig bliebe und eine Nichtteilnahme nicht mit unangemessenen Nachteilen

43 Zitat von Boyd Cohen, entnommen am 23.11.18 bei https://medium.com/iomob/personalized-mobility-as-a-service-via-blockchain-321dd9ffc3bf

verbunden sei, wenn die darauf basierenden Anwendungen immer mehr zum Standard werden.

Und hat dann das Prinzip der Freiwilligkeit überhaupt noch Bestand? Und wie kann eine Neutralität und Transparenz derjenigen Algorithmen gewährleistet werden, die die Datenbestände auswerten? Wenn man die Verhältnisse der Gemeinschaft mithilfe der „smarten" Technologien verbessern will, würde es notwendig sein, eine Art *anonymisierter „Datenspende" von jedermann* in das System einfließen zu lassen (Mass 2017, S.8).

Diese Fragen, so das DIVSI, müssten unter Zuhilfenahme einer *Algorithmenethik* in einem Digitalen Kodex geklärt werden (DIVSI 2016a, S.12). Ähnliche Problemstellungen ergeben sich auch für die Anwendungen im Bereich E-Health (siehe Kapitel 4.4).

4.3.9 Kann die Einführung der E-Mobilität als Teil der digitalen Transformation die ländlichen Regionen retten?

Anders als in der Stadt, wo der ÖPNV *angebotsorientiert* ist, muss auf dem Land ein *nachfrageorientiertes* (bedarfsorientiertes) Konzept entwickelt werden.

Durch die intelligente Integration aller verfügbaren Transportservices wie öffentlicher und privater Verkehr, Bike-, Ride-, Carsharing, Pooling, Taxi, Anreize bzw. Bonifikationen für Mitfahrgelegenheiten, Parkplatzsteuerung oder in Zukunft auch automatisierte Busse und Taxen kann sowohl die individuelle Autonutzung reduziert als auch den Personen ohne PKW eine umfassende Mobilität geboten werden.

Ein Schlüssel zum Erfolg zukünftiger digital gestützter regionaler Mobilitätskonzepte liegt in der Bereitstellung und Vernetzung aller relevanten Daten sowie eine vergleichbare Attraktivität der ÖPNV-Angebote zu denen in städtischen Regionen mit einer 10-20-Minuten Taktung, ggfs. nur „on demand" (Bausback et.al., S.51). Dafür müssen diese Subsysteme jedoch erst noch besser in ein Gesamtsystem integriert werden – es werden Mobilitätsaggregatoren[44] benötigt, die diese intermodalen Güter- und Personenverkehre (Nationaler IT-Gipfel 2014, S.11ff) koordinieren, die Verantwortung für Struktur und Qualität eines

[44] eine Applikation hat die Neue Urbane Mobilität Wien GmbH in einer Pilotstudie mit ihrem Produkt *smile-einfach mobil* entwickelt, siehe http://smile-einfachmobil.at/

solchen Ökosystems übernehmen und einen leistungsfähigen Door-to-Door-Service anbieten. Man bezahlt künftig nicht in Form einer Investition z. B. in ein Fahrzeug, sondern nur pro Nutzung je Transportvorgang (ebd., S.405), was neuerdings auch unter dem Begriff *Mobility as a Service (Maas)* propagiert wird (Russ und Tausz 2015).

Konkret umgesetzt wird diese neue Form der Verbindung von ÖPNV und privaten Mitfahrgelegenheiten seit dem Jahr 2013 über eine digitale Plattform im Werra-Meißner-Kreis im Bundesland Hessen. Dem Nutzer wird ein durchgängiger Transport von Tür zu Tür garantiert – entweder über den ÖPNV in Verbindung mit privaten Fahrern, die dafür honoriert werden (30 Cent pro km) oder ersatzweise über Vertrags-Taxigesellschaften. Ein Konzept, das begeistert![45]

Eine wirklich funktionierende Mobilitätskette wird aber mit vielen Herausforderungen konfrontiert sein, selbst wenn das System der vernetzten Transportmittel grundsätzlich funktionieren sollte. Was passiert, wenn die Mobilitäts-App mir das E-Bike von zuhause zum Bahnhof empfiehlt und es regnet gerade in Strömen. Und hat das Carsharing-Fahrzeug beim plötzlich im Oktober einsetzenden Schneefall schon Winterreifen aufgezogen? Ist mein Kind bei der unbekannten Mitfahrgelegenheit sicher? Und kann ich mich auf die rechtzeitige Abholung durch einen Nachbarn verlasen, wenn ich pünktlich beim Flughafen sein muss?

Diese und viele anderen Fragen müssen zukünftig geklärt werden, wenn die neuen Mobilitätsketten tatsächlich ein gleichwertiger Ersatz zum eigenen Fahrzeug werden sollen und die E-Mobilität als Teil der digitalen Transformation zur Aufwertung ländlicher Regionen beiträgt.

[45] https://www.mobilfalt.de/

4.4 E-Health

Bis zum Jahr 2030 wird es in Deutschland rund 3,5 Millionen Pflegebedürftige geben (nach 2,6 Mio. in 2015), bis 2050 steigt deren Zahl auf beängstigende 4,6 Millionen Menschen[46]. Da es gerade auf dem Land heute einen hohen Anteil häuslicher Pflege gibt (deutschlandweit wurden 2015 73% der Pflegebedürftigen zuhause gepflegt[47]), bedeutet ein Abwandern der „Jungen" und ein Zurücklassen der „Alten" eine Verstärkung des Pflegebedarfs durch Fachkräfte. Und da heute und wahrscheinlich auch zukünftig ein Mangel an Pflegepersonal besteht, wird sich ohne geeignete Gegenmaßnahmen der Pflegenotstand weiter verschärfen.

Ähnlich gelagerte Probleme ergeben sich mit der zunehmenden Unterversorgung von Arztpraxen in ländlichen Regionen. Um hier entgegen zu wirken, wurden mit dem *Gesetz für sichere digitale Kommunikation und Anwendungen im Gesundheitswesen* (E-Health-Gesetz[48]) vom Dezember 2015 Videosprechstunden in die vertragsärztliche Versorgung aufgenommen. Die Online-Sprechstunden sollen den persönlichen Arzt-Patienten-Kontakt ersetzen und werden ab dem 1. April 2017 von den Krankenkassen vergütet. Außerdem können mit Einverständnis des Patienten dessen Daten in einer digitalisierten Akte abgelegt werden, die der Patient jedem Arzt zur Verfügung stellen kann.

Im Oktober 2018 hat die Bayerische Ärztekammer ihre Berufsordnung dahingehend geändert, dass dem Arzt nun auch eine *ausschließliche Fernbehandlung* von Patienten erlaubt ist, ohne dass der Mediziner vorher persönlichen Kontakt zu der Person hatte[49].

---

46 Quelle: Statista. https://de.statista.com/statistik/daten/studie/168254/umfrage/pflegebeduerftige-in-deutschland-seit-2007//, eingesehen am 17.10.18

47 Statistisches Bundesamt. Pflegestatistik 2015, erschienen am 26.01.2017, S.5. Eingesehen am 17.10.18

48 Gesetz für sichere digitale Kommunikation und Anwendungen im Gesundheitswesen (E-Health-Gesetz) vom 21.12.15. Eingesehen unter http://dipbt.bundestag.de/extrakt/ba/WP18/671/67134.html

49 Presseinformation der Bayerischen Landesärztekammer vom 28.10.2018: *Ausschließliche Fernbehandlung in Bayern im Einzelfall erlaubt.* Download am 03.11.18 unter http://www.blaek.de/

In seinem Einführungsvortrag auf dem Bayerischen Ärztetag 2018 gibt deren Präsident Dr.Gerald Quitterer mit Blick auf die „Digitalisierung des Patienten" generell zu bedenken:

> „Wenn er (der Mensch, Anm.d.Verf.) sich aber, fasziniert von den Möglichkeiten, die der Marktplatz des Internets bietet, nur noch auf eine App verlässt, verlernt er, sich selbst zu spüren und daraus die Erfahrungen zu gewinnen, wie er sein Leben gestaltet. Auf diese Weise droht jetzt eine Entpersonalisierung des Arzt-Patienten-Verhältnisses. Deshalb müssen wir auch die ausschließliche Fernbehandlung sinnvoll nutzen und dort einsetzen, wo der Bedarf besteht und nicht nur Bedürfnisse einer ‚Rund-um-die-Uhr-Verfügbarkeit' oder ökonomische Interessen von Call-Centern bedient werden." (Quitterer 2018, S.1)

4.4.1 Oberfranken als Telemedizin-Vorreiter in Deutschland

Seit Juni 2016 führt Oberfranken Offensiv e.V. das vom Freistaat Bayern geförderte Projekt *Gesellschaft 4.0: Digitales Land – Digitale Kommune* durch. Im Rahmen der vom Verein e2-health und Telemedizin Oberfranken e.V. für die Stadt Wallenfels im Landkreis Kronach eingereichten Projektidee und des Konzeptes der *Gesundheitsregion plus* des Landkreises Wunsiedel i. Fichtelgebirge wird im Laufe des Jahres 2018 das Projekt *Gesundheitsversorgung 4.0* mit der Umsetzung begonnen. Hauptziel des Projektes[50] ist es, mit Hilfe der Digitalisierung in ländlichen Räumen wie Oberfranken einen Beitrag zur Verbesserung der allgemeinmedizinischen und hausärztlichen Versorgung von Patienten – vor allem in der Pflege – zu leisten. Im Rahmen von Online-Sprechstunden mit Datenzugriff auf die vorhandene digitale Pflegeakte und ergänzender Videokonsultation soll eine ganz neue Art der medizinischen Betreuung als „Gesundheitsversorgung 4.0" erprobt werden[51].

Die geplanten telemedizinischen Online-Sprechstunden werden in Wallenfels und in Wunsiedel je in einem ausgewählten Alten- und Pflegeheim modellhaft entwickelt. Dadurch soll der Bedarf an persönlichen Konsultationen zwischen Arzt und Patient reduziert werden. Die Pflegekraft kann über die digitale

---

50 https://www.oberfranken.de/de/aktuelles/news/2018-07-16-Telemedizin.php, eingesehen am 18.10.2018

51 https://www.digitales-oberfranken.de/gesundheitsversorgung-4-0/

Pflegeakte in Verbindung mit einem „digitalen Pflegebett“[52] eine nach medizinischem Bedarf priorisierte Nachricht über den Gesundheitszustand erstellen und verschlüsselt an den betreuenden Hausarzt übermitteln. Der Arzt empfängt die Meldung in seiner Praxis am Rechner oder per Pushmeldung auch mobil und signalisiert Pfleger und Patient den Empfang. Dann gibt er entweder Anweisungen an Patienten, pflegende Angehörige oder Pflegekraft, erteilt gegebenenfalls einen Rezeptauftrag an eine im System eingebundene Apotheke oder entscheidet sich für eine Videosprechstunde oder einen Hausbesuch.

Ein weiterer Bestandteil des Projektes ist die Ausstattung von sechs Testhaushalten mit AAL-Technik (siehe Kapitel 5.8), die u.a. mobilen Notruf, Sturzerkennung, Geo-Fencing u.a. umfassen soll und in das ärztliche Netzwerk eingebunden werden.

4.4.2 E-Nurses für Hochfranken

Ein sehr interessantes *Telemedizinprojekt eNurse* startete im November 2017 ebenfalls in der Region Hochfranken (Hof, Wunsiedel). In dem vom Freistaat Bayern unterstützten Projekt geht es darum, ambulant tätige Haus- und Fachärzte bei ihren zeitintensiven Hausbesuchen in den dünn besiedelten Regionen zu entlasten. Hierfür delegieren die Ärzte Aufgaben an extra dafür ausgebildete Schwestern, die eNurses, die dann selbstständig die Hausbesuche in einem festen Patientenstamm durchführen. Dort versorgen sie beispielsweise Wunden, nehmen Blut ab oder kontrollieren die Einnahme von Medikamenten. Alle Daten werden sofort an die zuständige Arztpraxis unter Einsatz moderner telemedizinischer Technologie weitergeleitet. Diagnosen bleiben aber weiterhin in der Verantwortung des Arztes (Eichner und Pötzl 2017, S.1).

Träger des Projektes ist die Unternehmung Gesundheit Hochfranken GmbH & Co. KG[53] (UGHO), ein regionales Gesundheitsnetz, zu dem sich mehr als siebzig Haus- und Fachärzte aus dem Landkreis Hof, Wunsiedel und der Stadt Hof zusammengeschlossen haben, die sich bei spezifischen Problemen auch interdisziplinär abstimmen. Auf der Seite der Versicherten fungiert die AOK als Partner,

[52] http://www.wi-bo.com/de/Pflegeheim/Betten/Spezialbetten/sentida-7-i

[53] https://ugho.de

die mit der UGHO einen Versorgungsvertrag für ihre 15.000 Mitglieder in der Region abgeschlossen hat.

In dem Katalog der Leistungen der UGHO fällt unter anderem eine Position auf, die den Patienten garantiert, dass bei Beendigung der Tätigkeit eines Arztes die Übernahme des Patienten durch einen anderen Arzt erfolgt, der auch die elektronische Patientenakte übernimmt. Somit ist gerade auch für ältere und immobile Menschen in abgelegen ländlichen Regionen garantiert, dass eine durchgängige ärztliche Betreuung gesichert ist.

4.4.3 DIGI-ORT - DIGItale medizinisch-pflegerische Versorgung im Oberen RodachTal

Der Landkreis Kronach hatte sich im Jahr 2016 beim Wettbewerb *Digitales Dorf* des Bayerischen Wirtschaftsministeriums mit einem E-Health-Projekt beworben[54], war aber mit dem dritten Platz (von 20 Bewerbern bei zwei Projektförderungen) nur knapp an der Zuweisung des Förderprojektes gescheitert.

Um zu erfahren, ob die damalige Projektidee in irgendeiner Weise trotzdem weiterverfolgt wurde, fand ein Telefonat mit dem zuständigen Ansprechpartner beim Landratsamt Kronach statt[55], indem dieser mitteilte, dass man damals das Projekt „auf Eis" gelegt hatte. Erfreulicherweise erregte dieses Konzept aber kürzlich das Interesse des Bayerischen Gesundheitsministeriums und so konnte der Landkreis am 17.10.2018 von Ministerin Melanie Huml die Förderzusage in Höhe von 2,8 Mio. EUR für den Projektzeitraum 2019-2021 entgegennehmen.

Ziel des Projektes[56] ist es, die Möglichkeiten der Digitalisierung in der medizinisch-pflegerischen Versorgung von Pflegebedürftigen im häuslichen Umfeld auszuloten. Daneben soll die Vernetzung von Pflegedienst, Arzt, Apotheker etc. gefördert und Konzepte assistierten Wohnens (AAL, siehe Kapitel 5.8) erprobt werden. Die wissenschaftliche Begleitung übernimmt dabei wieder (...) das Fraunhofer Institut für integrierte Schaltungen (IIS), Erlangen.

---

54 Projektbeschreibung unter https://digitales-dorf.bayern/index.php/der-atlas/

55 Telefonat mit Wolfgang Puff am 06.11.18

56 Pressemitteilung des Bayerischen Staatsministeriums für Gesundheit und Pflege Nr.184/GP vom 14.09.18, download unter https://www.stmgp.bayern.de/ministerium/presse/pressemitteilungen/

4.4.4 Dr.Watson ist niemals krank

Wohin die Digitalisierung in der weiteren Zukunft noch führen kann, erprobt derzeit u.a. IBM mit der Entwicklung von „Dr.Watson" – ein auf künstlicher Intelligenz und einer riesigen medizinischen Datenfülle (derzeit über 210 Mio. Patientenakten, 45% der Daten werden vierteljährlich aktualisiert) aufgebauter Service[57], der heute noch die Diagnosen und Behandlungsmethoden der Ärzte unterstützt und diese *morgen vielleicht auch schon ersetzt.*

Andrew McAafee, leitender Wissenschaftler am Massachusetts Institute of Technology(MIT), wünscht sich den virtuellen Dr.Watson als seinen zukünftigen Hausarzt:

> „Given the same inputs, Dr. Watson will always output the same diagnosis. Inconsistency is a surprisingly large and common flaw among human medical professionals, even experienced ones. And Dr. Watson is always available and never annoyed, sick, nervous, hungover, upset, in the middle of a divorce, sleep-deprived, and so on."[58]

4.4.5 Kann die Einführung von E-Health-Konzepten als Teil der digitalen Transformation die ländlichen Regionen retten?

Der Deutsche Landkreistag ist zumindest überzeugt, dass die Digitalisierung im Gesundheitsbereich große Chancen bietet für das Land und seine Menschen, die es zielstrebig zu nutzen gilt. „Gemeinsam müssen wir uns jetzt auf den Weg machen, die sich bietenden Möglichkeiten der Digitalisierung im Patienteninteresse zu nutzen, um die Versorgung zukunftsfähig zu machen und die ländlichen Räume attraktiv zu gestalten." (Deutscher Landkreistag 2018, S.17)

Dieser Einschätzung stimmt auch der Verfasser zu. Die vielfältigen Möglichkeiten, die sich zukünftig aus den E-Health-Konzepten ergeben, haben nicht nur das Potential, die schlechter gewordene Versorgungslage wieder auf ein früheres Niveau anzuheben, sondern sogar nachhaltig zu verbessern und damit einen bedeutenden Anteil zur Steigerung der Lebensqualität auch für ältere und pflegebedürftige Menschen in ländlichen Regionen zu leisten.

---

57 https://www.ibm.com/blogs/watson-health/watson-health-get-facts/

58 Zitat entnommen am 08.11.18 unter http://andrewmcafee.org/2011/03/mcafee-watson-ibm-healthcare-verghese/

Allerdings ist Deutschland generell bei der Digitalisierung des Gesundheitswesens in der EU und den OECD-Ländern weit abgeschlagen. Eine im November 2018 veröffentlichte sehr umfangreiche Ländervergleichsstudie (Bertelsmann 2018) ergab, das in Deutschland das holistische *Wirkungsmodell Digitalisierung im Gesundheitswesen* im Gegensatz zu den untersuchten erfolgreichen Vergleichsländern eklatante Defizite bei der *Digital Health Governance* bestehen, ohne die sich die digitale Transformation hier nicht umsetzten lässt. Es mangelt, so die Studie, an wesentlichen Pfeilern in der Gesamtheit der Strukturen und Prozesse zur Umsetzung von digitaler Gesundheit, nämlich wichtiger politischer Strategien und Gesetze, der institutionellen Verankerung von Digital Health sowie eines „Political Leaderships" (ebd., S.358).

4.5 Smart Home und Ambient Assisted Living

Unter *Smart Home* (auch Smart Living und Intelligent Home) versteht man ein informations- und sensortechnisch aufgerüstetes, in sich selbst und nach außen vernetztes Zuhause. Eine wichtige Rolle spielen hierbei auch das Internet der Dinge und das Smart Metering[59]. Mit den neuen Anwendungen möchte man eine Erhöhung der Lebens- und Wohnqualität, der Betriebs- und Einbruchsicherheit, der Energieeffizienz und der Automation anfallender Tätigkeiten erreichen, was sowohl ökonomische als auch ökologische Implikationen hat (vgl. Yang et.al 2018).

Ambient Assisted Living (AAL) steht für digitale und miteinander vernetzte Konzepte, Produkte und Dienstleistungen, die neue Technologien in den Alltag bringen, um die Lebensqualität für Menschen in allen Lebensphasen und speziell im Alter zu erhöhen. Durchgesetzt hat sich bisher nur der *Hausnotruf*. Für eine zukünftige Umsetzung von E-Health-Konzepten wird es notwendig sein, die Sensorik im Haus und am Menschen mit AAL-Lösungen deutlich auszubauen.

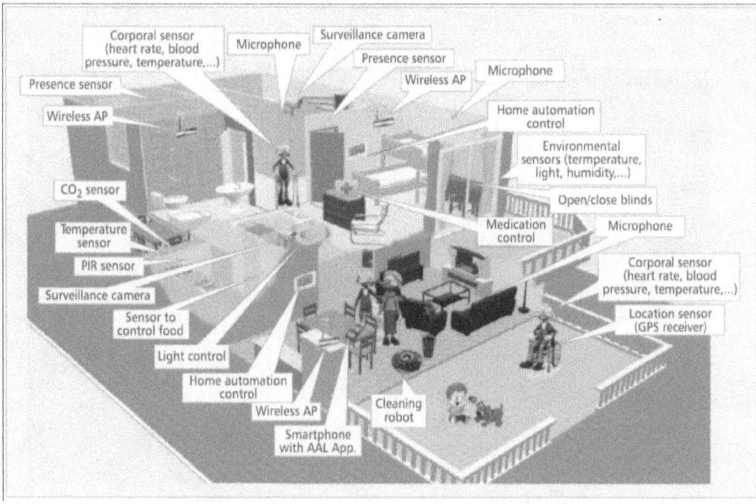

Abbildung 15: Ambient Assisted Living (AAL) - Altersgerechte Assistenzsysteme für ein gesundes und unabhängiges Leben / Quelle: Lloret et. al. (2015), S.30

59 vgl. https://wirtschaftslexikon.gabler.de/definition/smart-home-54137

Auch das Bundesministerium für Bildung und Forschung (BMBF) setzt sich mit dem Thema AAL auseinander und hat dafür eine *eigene Website* eingerichtet[60].

Ein konkretes Projekt zum Einsatz von AAL findet derzeit in der Kleinstadt Bad Berleburg (NRW) statt. Unter dem Projektnamen *Cognitive Village-Vernetztes Dorf*[61] entwickelt die Universität Siegen gemeinsam mit dem Fraunhofer Institut ein Konzept, um älteren Menschen (u.a. Demenzkranke und Menschen mit höherem Sturzrisiko) im eigenen Wohnraum und auch im Außenbereich eine möglichst lange Selbständigkeit mit hoher Lebensqualität zu ermöglichen. Bei dem zu entwickelnden System werden digitale Daten aus zwei Quellen (Intelligente Wearables wie Brille oder Uhr, die multisensorale Informationen erfassen sowie ein dynamisches Sensornetzwerk) verarbeitet und mithilfe Mustererkennungsalgorithmen interpretiert.

> „Im Sinne einer assistiven Technologie können intelligente Systeme gerade im ländlichen Raum neue Möglichkeiten für Selbstbestimmung, Selbsthilfe und soziale Teilhabe schaffen." (Wrede 2017, S.17)

Natürlich lassen sich AAL-Lösungen wie das in Bad Berleburg entwickelte Konzept nicht nur im ländlichen Raum einsetzen, sondern überall in der Republik. Einen guten Überblick über aktuelle digitale Techniken „für ein gesundes Leben zuhause" findet man bei Weiß et.al. (2017, S.30-44).

4.5.1 Tirschenreuth setzt auf digitale Wohnberatung für Senioren

Im Rahmen des Förderprogrammes *Digitales Dorf Bayern* (siehe Kapitel 3.4.2) entwickelt das Fraunhofer-Institut mit der Kleinstadt Tirschenreuth (ca. 9.000 Einwohner) ein Konzept zur *Digitalen Wohnberatung* für ältere Menschen. Einen wichtigen Teil davon beinhaltet eine umfassend eingerichtete reale Musterwohnung mit allen AAL-Systemen, die heute verfügbar und sinnvoll einsetzbar sind. Die Wohnung kann man auch online virtuell begehen und die Systeme kennenlernen[62]. Des Weiteren bemüht man sich, bei der Entwicklung und späteren Implementierung relevante Multiplikatoren (Nachbarschaftshilfe, Behindertenbeauftragte, Seniorenbeauftragte) und Bürger mit ihren Bedarfen und

---

60 http://www.aal-deutschland.de/

61 http://cognitive-village.fokos.org/

62 http://www.digitale-wohnberatung.bayern/virtueller-rundgang/

Vorstellungen einzubeziehen, um so die Nutzung technischer Systeme allen Interessenten und Betroffenen zugänglich zu machen.

4.5.2 Dorfgemeinschaft 2.0 – Das Alter im ländlichen Raum hat Zukunft

In der Grafschaft Bentheim im südlichen Emsland wird unter der Überschrift Dorf 2.0 ein umfassendes Projekt[63] zur gesundheitsbezogenen Versorgung in ländlichen Gegenden entwickelt, das einen Querschnitt über mehrere Handlungsfelder des ländlichen Lebens umfasst (horizontale Ebene) und diese in einer zusammenhängenden Wertschöpfungskette digital verbindet (vertikale Ebene).

Das mit rund 6 Mio. EUR im Zeitraum 2015-2020 vom Bundesministerium für Bildung und Forschung geförderte Projekt wird u.a. von der Universität Osnabrück begleitet. Verschiedene Dienste aus den Bereichen soziale, medizinische und logistische Versorgung sind über eine *zentrale digitale Plattform* auf dem virtuellen Dorfmarktplatz, aber auch über einen Dorfladen oder über diverse stationäre Satellitenstützpunkte in den einzelnen Pilotgemeinden buchbar.

Das Versorgungskonzept umfasst vier Bausteine: eine „Rollende Praxis“ (aufsuchende telemedizinische Gesundheitsversorgung), ein Sharing Economy orientierter „Dorfladen“, der Produkte des täglichen Bedarfes vorhält, die IKT-gestützte Implementierung bedarfsorientierter „E-Mobilität“ und die „Digitalisierte Pflege“.

Wegen der ausgedünnten Versorgungsstruktur im hausärztlichen Bereich gibt es mit einer „rollenden Praxis“ eine mobile Gesundheitsversorgung für eine aufsuchende, telemedizinisch unterstützte Gesundheitsfürsorge im ländlichen Raum.

Für pflegebedürftige Patienten existiert ein ambulantes und digital gestütztes Versorgungsangebot mit dem Ziel, eine Entlastung der Pflegenden durch IKT- bzw. AAL-Technologien zu erreichen, „damit die eingesparte Zeit zugunsten des zwischenmenschlichen Kontakts mit Pflegebedürftigen und Familien-

63 https://www.technik-zum-menschen-bringen.de/projekte/dorf-2.0

angehörigen genutzt werden sowie die Pflegequalität und Sicherheit erkrankter Menschen im eigenen Zuhause erhöht werden kann" (Weiß et.al 2017, S.29).

Ein Imagefilm verdeutlicht einige wichtige Komponenten des Konzeptes[64].

In der nachfolgenden Abbildung ist bei den technologiegestützten Diensten eine Säule „unbesetzt", damit im Sinne eines *Open Innovation Prozesses* von Beginn an externen Akteuren die Möglichkeit eingeräumt wird, sich mit zusätzlichen Diensten in das Versorgungskonzept einzubringen (Frehe et.al. 2016, S.637).

Die Ansteuerung, Koordination und Kopplung der Dienste zu einer Wertschöpfungskette erfolgt über eine integrierte IT-Struktur, die eine Koordinationsplattform im Sinne eines „DG 2.0 Apps Marketplace" bildet und durch Erweiterungen um neue Services bzw. Apps von Drittanbietern erweitert werden kann (ebd., S.637).

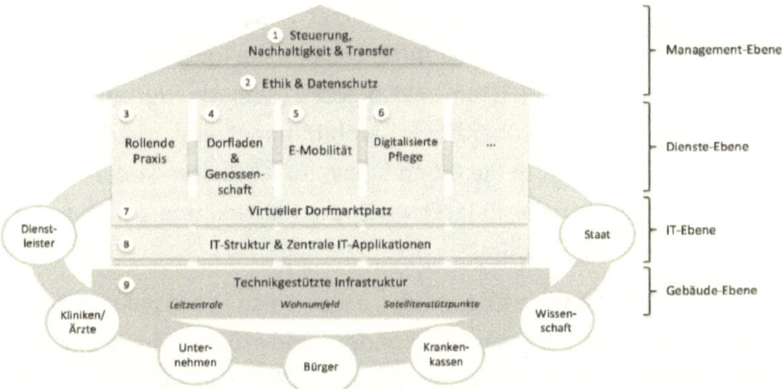

Abbildung 16: Framework einer integrierten Gesundheitsversorgung / Quelle: Frehe et.al. 2016, S.637

Der *Virtuelle Dorfmarktplatz* fungiert als zentrale Anlaufstelle für Anbieter und Nachfrager diverser Services und ist sowohl Kommunikations- als auch Koordinationsplattform. Der Zugang ist den persönlichen (eingeschränkten) kognitiven und motorischen Fähigkeiten der Nutzer angepasst und erlaubt unter Berücksichtigung der jeweiligen individuellen Fähigkeiten multimodale, barrierefreie Zugriffsmöglichkeiten (z.B. durch Sprachsteuerung, Anpassung der

64 aufzurufen unter https://vimeo.com/159679769

grafischen Benutzeroberfläche (GUI) bzgl. Größe, Form und Kontrast, etc.), wodurch das kognitive Potenzial speziell der Senioren gefördert und die Mobilität gesteigert sowie bis ins hohe Alter ein selbstbestimmtes Leben in den eigenen vier Wänden ermöglicht werden soll (ebd., S.638).

4.5.3 Ausblick der Wearable-und Invisible-Technologie

Die Überwachung von älteren Menschen mit dem Einsatz heutiger Wearables wie Digitale Gesundheitsbänder, Smart Watches oder Smart Glasses stoßen zum einen immer noch auf Akzeptanzwiderstände, zum anderen wird es von den Senioren oftmals einfach vergessen, diese anzulegen. Zukünftig geht die Entwicklung zu „Invisibles", das sind unsichtbar am Körper getragene Wearables, die auch häufig in Alltagsgegenstände und Kleidung integriert werden. Ein weiterer Trend ist Zero UI (also ein „unsichtbares" oder kontaktloses User Interface), das nahtlos zum Beispiel über Gesteninterpretation, Augen- oder Sprachsteuerung mithilfe intelligenter Sensoren in die Nutzer-Experience integriert ist und auch Künstliche Intelligenz nutzt. Zukünftig werden die Invisibles ganz einfach ohne Administration durch den User funktionieren (kein Aktivieren, Synchronisieren und Aufladen nötig) und über die 5G-Mobilfunknetze werden die Daten im „Internet of Things" direkt in die Cloud übermittelt (Digital-Gipfel 2017b, S.5). Die Vision: ein drohender Herzinfarkt wird von der Kleidung erkannt und der Notarzt automatisch verständigt.

Der Westeuropa-Chef von *Huawei*, des nach Samsung zwischenzeitlich weltweit zweitgrößten Herstellers von Smartphones und größter Mobilfunknetz-Ausrüster der Welt (ca. 100 Mrd. US$ Umsatz p.a.), *Walter Li*, bringt es auf den Punkt: Gestern ging es bei der Digitalisierung noch vornehmlich darum, unternehmerische Prozesse effizienter zu machen, aber ab morgen wird mit 5G die Digitalisierung überall sein. „Wir werden unser Leben digitalisieren", so der Manager Li[65].

[65] Das Interview wurde am 28.10.18 in der Welt am Sonntag (S.40) veröffentlicht.

4.5.4 Können die Konzepte für Smart Home und AAL als Teil der digitalen Transformation die ländlichen Regionen retten?

Ganz eindeutig können die Techniken des digitalisierten Wohnraumes sowie die Innovationen neuer AAL-Systeme einen Beitrag leisten, der es älteren Menschen ermöglicht, länger als bisher ein selbstbestimmtes Leben in ihren eigenen vier Wänden zu führen und gleichzeitig eine schützende Anbindung an Familie und medizinische Versorgung zu gewährleisten. Dieser Effekt kommt allen Menschen zugute, egal ob Ballungsgebiet oder flachem Land. Wenn diese Technologien dazu beitragen, dass ältere Menschen, deren Anteil in ländlichen Regionen ja in den nächsten Jahren signifikant steigen wird (siehe Kapitel 1.1), dort auch länger und gut behütet wohnen und leben können, dann trägt dies unbedingt dazu bei, diesen Regionen eine höhere Wohn- und Lebensqualität zu geben und damit perspektivisch aufzuwerten.

Allerdings löst die Aussicht, im Alter permanent von diverser Überwachungstechnik und „kleinen Helfern“ umgeben zu sein, auch Befürchtungen aus, wie sie schon im Jahr 1996 „visionär“ von einem Illustrator gezeichnet wurden:

Abbildung 17: Mit AAL-Technik seniorengerecht im Smart Home leben
Quelle: © Risto Karlsson ("Helsingin Sanomat", Finland 18/10/1996)

4.6 Nahversorgung und Einzelhandel

Nahversorger in den ländlichen Räumen verschwinden ganz oder ziehen sich in die BerufsPendlerzonen in der Peripherie zurück und sind häufig nicht mehr fußläufig erreichbar.

Bei der Frage, was unter „ausreichender Nahversorgung" zu verstehen ist, gibt es zwei Dimensionen:

- die fußläufige Entfernung
- das angebotene Sortiment

In einer Publikation des Bayerischen Staatsministeriums für Wirtschaft wird das Sortiment eines idealtypischen Nahversorgers wie folgt beschrieben:

Abbildung 18: Das idealtypische Nahversorgersortiment / Quelle: StMWi 2011, S.12

Haderlein gibt in seinen 2018 erschienen Buch *Local Commererce* (2018) einen umfassenden Überblick über lokale Online-Marktplätze als technisch-konzeptionelle Grundlage von Local-Commerce-Initiativen (Haderlein 2018). Und auf seiner Homepage[66] listet der Autor über 100 lokale E-Commerce-Initiativen in der DACH-Region auf.

[66] https://localcommerce.info/initiativen/

4.6.1 Der mobile Dorfladen der Steinwald-Allianz

Die „fußläufige Erreichbarkeit der Nahversorgung" ist in ländlicher Umgebung immer häufiger nicht mehr gegeben. Um in einem Pilotprojekt hierfür eine digital unterstütze Lösung zu entwickeln, hat sich in einer Region im Fichtelgebirge ein Zusammenschluss von 16 Gemeinden als „Steinwald Allianz" bei dem Ideenwettbewerb *Digitales Dorf Bayern* der Bayerischen Staatsregierung (siehe Kapitel 3.4.2) beworben und sich gegen 11 andere kommunale Bewerber aus Nordbayern durchgesetzt.

Die Idee besteht aus einem „mobilen Dorfladen" in einem umgebauten und begehbaren LKW (ca.17qm Fläche), der ab Sommer 2018 die rund 6.800 Einwohner „ohne Versorgungspotential" mit Lebensmitteln regionaler Erzeuger sowie mit Waren des täglichen Bedarfes bis zur Zahnpasta und auch mit Bargeld versorgen soll. Perspektivisch ist die Erweiterung mit zusätzlichen Dienstleistungen geplant. Das Fahrzeug hält zweimal wöchentlich für je 30 Minuten in ausgewählten Ortschaften.

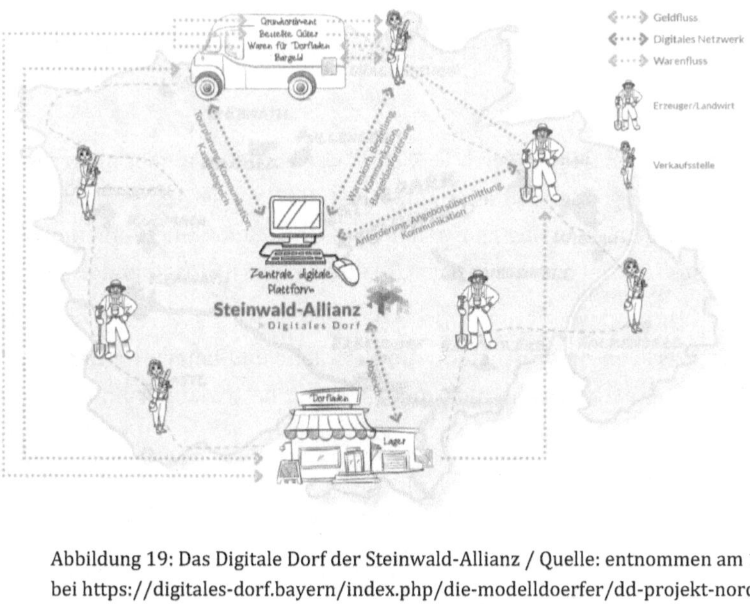

Abbildung 19: Das Digitale Dorf der Steinwald-Allianz / Quelle: entnommen am 14.10.18 bei https://digitales-dorf.bayern/index.php/die-modelldoerfer/dd-projekt-nord/

Zentrales Element ist eine *digitale Plattform*, die den Abgleich des Warenbestandes organisiert und als Kommunikationsmittel für alle Akteure des Netzwerkes dient. Daran angebunden ist ein Online-Shop, über den die Bürger zusätzliche Waren bestellen können sowie eine eigens entwickelte Applikation für Logistik und Kommissionierung.

Mithilfe dieses Projektes der digitalen Transformation regionaler Nahversorgung, das vom Fraunhofer Institut (IIS und IESE) begleitet wird, soll die Daseinsvorsorge und die Lebensqualität in der Region nachhaltig gefördert werden.

Durch die frühzeitige Integration aller relevanten Partner sowie die kontinuierliche Entwicklung geeigneter Träger- bzw. Geschäftsmodelle soll die Nachhaltigkeit des Projekts unterstützt und damit die spätere Übertragbarkeit auf andere ländliche Regionen Bayerns gesichert werden.[67]

Der Landtagsabgeordnete Tobias Reiß ist überzeugt: „Wir leisten im Landkreis Tirschenreuth mit dem ‚digitalen Dorf' wahre Pionierarbeit, darauf bin ich stolz. Dabei ist es mir vor allem wichtig, dass die Vorteile der neuen, digitalen Möglichkeiten insbesondere auch Senioren und Familien in ländlichen Gebieten in ihrem Alltag zugutekommen." (Bayerischer Gemeindetag 2017, S.279)

4.6.2 Digitale Einkaufsstadt Coburg

Nicht nur die kleinen Gemeinden und Kleinstädte verlieren immer mehr Einzelhändler – auch die größeren Städte und selbst die Oberzentren sind davon betroffen. Im Jahr 2016 prognostizierte der Deutsche Städte- und Gemeindebund für die nächsten Jahren das Sterben von 50.000 weiteren Einzelhandelsgeschäften.[68]

In der Folge veröden die Innenstädte immer mehr und langjährig hochwertig besetzte Ladengeschäfte stehen leer oder werden bestenfalls von „1-Euro-Läden" gefüllt.

---

67 https://digitales-dorf.bayern/index.php/die-modelldoerfer/dd-projekt-nord/

68 www.dstgb.de/dstgb/Homepage/Aktuelles/Archiv/Archiv%202016/Innenst%C3%A4dte%20in%20Gefahr/, eingesehen am 22.11.18

Gegen diese Entwicklung möchte sich die Stadt Coburg stemmen. Nachdem sich die Stadt im Wettbewerb um das Modellvorhaben „Digitale Einkaufstadt" gegen 33 andere Städte und Gemeinden aus Bayern durchgesetzt hat, wurde das erste Projekt im Rahmen der digitalen Plattform *GoCoburg* ab Anfang 2016 initiiert.

Auf *GoCoburg* stellen sich lokale Händler, Dienstleister und Gastronomen mit ihren Angeboten vor[69]. Die Inhalte werden an interessierte Verbraucher über verschiedene Soziale Kommunikationskanäle (Newsletter, Facebook, Twitter, Instagram, Pinterest, WhatsApp) ausgespielt. Damit sollen die Angebote der Händler, Dienstleister und Gastronomen in der digitalen Welt präsentiert und die Innenstadt belebt werden.

Das Bayerische Staatsministerium lobt die Stadt Coburg für ihr Projekt *Digitale Einkaufsstadt Coburg* als „Modellkommune, die ihren Ruf als digitaler Vorreiter in der Öffentlichkeit noch weiter steigern (konnte)" (StMWi 2018, S.12).

Außerdem ist es Coburg gelungen (BBSR 2017, S.19), als einzige Stadt in Nordbayern (neben Nürnberg) in die von der Bundesregierung initiierte und vom BMI geleitete *Dialogplattform Smart Cities*[70] aufgenommen zu werden. Ab dem Jahr 2019 werden hier als Teil der „Umsetzungsstrategie Digitalisierung" aus dem aktuellen Koalitionsvertrag in mehreren Staffeln insgesamt 50 digitale Pilotprojekte in deutschen Städten hochrangig gefördert[71], was am 23.11.2018 im Bundestag auch offiziell beschlossen wurde (ca. 160 Mio. EUR bis 2025)[72].

4.6.3 Genussregion Coburg - Homepage für regionale Erzeugnisse

Das Netzwerk der Genussregion Coburger Land[73] besteht einerseits aus regionalen Produzenten wie Bäckern, Brauer, landwirtschaftlichen Direktvermarktern, Metzgern, Gastronomen und anderen lebensmittelverarbeitenden Betrieben.

---

69 https://www.gocoburg.de/

70 https://www.bmi.bund.de/DE/themen/bauen-wohnen/stadt-wohnen/stadtentwicklung/smart-cities/smart-cities-node.html, eingesehen am 23.11.18

71 Siehe https://www.bundesregierung.de/breg-de/themen/digital-made-in-de/digitale-stadtentwicklung-und-foerderung-von-smart-cities-1546630

72 Genehmigter Haushaltsplan 2019, Drucksache 19/4624 vom 15.11.2018, S.44)

73 https://www.genussregion-coburg.de/

Auf der anderen Seite stehen die Konsumenten der Region, die u.a. über eine eigene App und auch über einen Facebook-Kanal mit allen Informationen zu den Anbietern und ihren Produkten und Aktionen versorgt werden. Mit dieser *RegioApp*[74] kann man eine Umkreissuche nach regionalen Lebensmitteln und regionalem Essen durchführen. Angezeigt werden Direktvermarkter und Gastronomen, aber auch Verkaufsstellen wie Dorfläden, Lebensmitteleinzelhändler mit regionalen Produkten, Wochenmärkte und vieles mehr. Die „Genussregion Coburg" organisiert auch immer wieder „analoge" Veranstaltungen (z.B. „Genusstage"), wo die Erzeuger ihre Produkte der Bevölkerung präsentieren.

Durch diese Aktivitäten werden die regionalen und bäuerlichen Produzenten unterstützt und gleichzeitig der Bevölkerung aufgezeigt, wo ein Kauf regionaler und nachhaltig erzeugter Ware möglich ist.

4.6.4 Digitaler Dorfladen in Oberfranken

Das Regionalmanagement Oberfranken Offensiv e.V. hat im Juni 2018 eine Ausschreibung zur Realisierung eines „Digitalen Dorfladen" veröffentlicht. Bis Mitte 2020 soll

> „eine innovative, bedarfsorientierte und wirtschaftsnachhaltige Lösung zur Sicherung der Nahversorgung für die Bevölkerung vor Ort oder in nächster Nähe etabliert werden. Die Lösung soll dabei an einem bestehenden oder neu zu gründenden Dorfladen anknüpfen und diesen um eine digitale Komponente erweitern." (Oberfranken Offensiv 2018)

Unter Einbeziehung der Digitalisierung soll *Einkaufen und Zugang 24 Stunden/7 Tage* möglich sein.

Nach Einschätzung des Verfassers erschient die Zielsetzung des Konzeptes fraglich und Erfahrungen der Vergangenheit mit dieser Lösungsart wurden möglicherweise nicht zur Kenntnis genommen: Die Probleme der Beschränkung des verfügbaren Sortimentes gefährden genauso eine nachhaltige wirtschaftliche Tragfähigkeit eines solchen „Dorfladens" wie die Problematik von Diebstahl und

74 https://www.regioapp.org/regionales-finden/

Vandalismus eines „verkäuferlosen“ Ladens - trotz entsprechender Zugangskontrollen und Videoüberwachung.

Unter großem öffentlichen Interesse wurde in Schweden im Jahr 2016 ein solcher „Dorfladen 2.0“ eröffnet, der 365/24/7 geöffnet war und alle Elemente der von Oberfranken Offensiv geforderten Funktionen beinhaltete[75]. Nach nur zwei Jahren musste der Laden aber wieder schließen und die Expansionspläne begraben werden, wobei aber die IT-Lösung so gut gewesen sein muss, dass sie von dem Startup-Unternehmen Wheely[76] gekauft wurde, die einen autonom fahrenden „Supermarkt“ entwickeln.

4.6.5 Ein unbemannter und autonom fahrender „24/7 Hour Store“

Ein spektakuläres Konzept hat das Startup-Unternehmen *Wheelys Moby Mart* nicht nur entwickelt, sondern bereits in die Praxis (Beta-Testphase) umgesetzt: ein unbemannter Supermarkt, der vor die Haustüre kommt.

Abbildung 20: Der Supermarkt, der zum Kunden kommt / Quelle: http://yadokari.net/minimal-life/61011/

Das autonom fahrende und elektrisch betriebene Fahrzeug ist mit einen Grundbestand von Artikeln des täglichen Bedarfes ausgestattet. Darüber hinaus kann man über eine App gewünschte Artikel disponieren. Der fahrbare Laden hält bei Bedarf an einem zentralen Ort (z.B. Dorfplatz) oder auch direkt vor einem einzelnen Gebäude. Der registrierte Kunde öffnet den „Laden“ mit seinem Handy,

75 vgl. https://www.dailymail.co.uk/sciencetech/article-3465767/Now-s-self-service-24-hour-unmanned-shop-Sweden-lets-shoppers-unlock-doors-scan-items-pay-using-just-app.html

76 https://wheelyscafe.com/

entnimmt nach Wunsch Ware und scannt diese ab. Die Kosten werden automatisch seinem Konto belastet.

„Auf dem Land" soll demnächst in Schweden der erste Moby an den Start gehen. Die Gemeinde Vellinge in Südschweden, die den Bewohnern keine Nahversorgung (mehr) bietet, unterstützt die Idee und will diese vor Ort umsetzen. Der Laden soll gleichzeitig Paketdienst, Mini-Apotheke und rollende Nahversorgung sein.

MobiMart hat die Vision, den Einzelhandel zu disruptieren und die ländlichen Regionen zu erobern. Auf der Homepage heißt es: „We have a mission; to bring world class retail to a million tiny villages around the world".[77]

4.6.6 Emmasbox - Online Lebensmittel. Offline abholen.

Seit einigen Jahren gibt es vermehrt Versuche, die erfolgreiche Transformation des Handels vom stationären Verkauf zur Onlinebestellung und Haustürlieferung auch auf den Bereich von Lebensmitteln und Frischeprodukten auszudehnen. Selbst der Handelsriese Amazon entwickelt mit *Amazon Fresh* entsprechende Strategien.

Allerdings haben in der jüngsten Vergangenheit auch einige Handelskonzerne ihre Angebote für die Auslieferung von Lebensmitteln wieder reduziert oder ganz eingestellt, weil Lieferkosten zu hoch und das Aufrechterhalten der Kühlkette zu problematisch und teuer war (Heinemann 2017, S.7f). Deshalb werden derzeit Lebensmittellieferungen auch nur in städtischen Ballungsregionen angeboten - die ländliche Region blieb außen vor.

Einen interessanten Ansatz, diese Probleme zu lösen, entwickelt das Startup-Unternehmen *emmasbox*[78]. Zum einen bietet das Unternehmen eine SaaS-Lösung an, um Abholstationen und deren Monitoring mit ERP-und Logistiksystemen zu vernetzen und damit den Warentransport von der „first mile" (Übergabe der Ware des Lieferanten an den Logistiker) bis zur „last mile" (Auslieferung an den Endverbraucher oder click&collect) zu überwachen und zu steuern. Zum anderen werden outdoorfähige Abholstationen mit Klimazonen von -20 Grad

[77] https://themobymart.com/, eingesehen am 15.10.2018

[78] http://www.emmasbox.de

bis +20 Grad angeboten, die sowohl von einzelnen Lebensmittelhändlern exklusiv beliefert werden (z.B. EDEKA-Box[79]) als auch als White-Label-Lösung eingesetzt werden können.

Abbildung 21: Lebensmittel-Abholstation EDEKA - Food around the clock / Quelle: https://www.lebensmittelzeitung.net/galerien/Edeka-testet-Abholbox-922, entnommen am 16.10.18

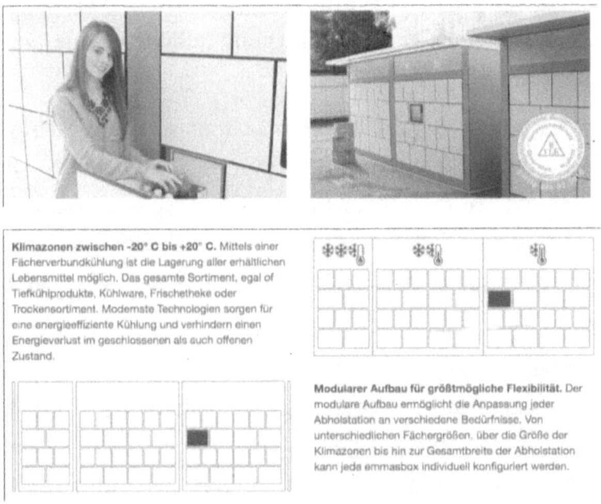

Abbildung 22: Lebensmittel-Abholstation „emmasbox" - White Label / Quelle: http://www.emmasbox.de/hardware.html, übernommen am 16.10.2018

79 https://www.edekanord-shop.de/gaimersheim

Diese Lösung erscheint u.a. deshalb attraktiv, weil durch die Platzierung einer solchen Box in einem unversorgten Ortsmittelpunkt die Menschen auch mehrmals täglich mit Waren des täglichen Bedarfes versorgt werden und die kostenintensive und bei klimaempfindlichen Waren problematische Auslieferung der Ware auf der „letzten Meile" entfallen könnte. Außerdem würde durch Konzentration des Transportes von einem Auslieferstützpunkt mit EINEM Fahrzeug zur Abholstation eine Reduzierung fahrzeuginduzierter Emissionen erreicht werden, da sowohl Auslieferfahrten entfallen als auch Besorgungsfahrten der Bewohner zum nächsten Supermarkt.

4.6.7 Können die digital gestützten Konzepte der Nahversorgung als Teil der digitalen Transformation die ländlichen Regionen retten?

Die aufgezeigten Konzepte sind, in unterschiedlicher Ausprägung, durchaus in der Lage, bestehende Probleme in der Nahversorgung in ländlichen Regionen zu lösen. Da davon auszugehen ist, dass die mit Personal besetzten Verkaufsstellen von Lebensmitteln und sonstigen Waren des täglichen Bedarfes in ländlichen Regionen aufgrund der Kostenstruktur weiter reduziert werden, kommt den digital gestützten Lösungen der Nahversorgung zukünftig eine große Bedeutung zu.

Idealerweise gelingt es, einen digital an einen Grossisten angeschlossenen „Dorfladen" wirtschaftlich zu betreiben, der neben der Möglichkeit von Post- und Bankdiensten auch als Treffpunkt für die Bevölkerung bei einem gemütlichen Kaffee dient, bei dem sich Senioren gegenseitig die besten Internet-Tipps mit den vorhandenen Tablets zeigen, die dort statt der *Frau im Spiegel* und der *Gal*a aufliegen.

Ein weiterer Aspekt betrifft die regionalen Erzeuger von Lebensmitteln, die häufig periphere Standorte und großräumige Absatzgebiete haben und dabei weder ausreichend Kunden erreichen noch in der Logistik die letzte Meile bedienen können. Eine Einbindung in die digital vernetzten Vertriebs- und Logistiksysteme wie beispielsweise in der Steinwald-Allianz kann ihre Existenzfähigkeit langfristig sichern.

Die digitale Transformation von Versorgungskonzepten kann somit einen wichtigen Beitrag zur Daseinsvorsorge und damit zur Rettung ländlicher Regionen leisten. Allerdings nutzen derzeit nur 40% der Bevölkerung das Internet mehr als einmal monatlich zum Online-Shopping, bei der Altersgruppe der über 60-

Jährigen sinkt dieser Anteil mit zunehmendem Alter von 25% auf nur 5% (BMVI 2018a, S.21). Wenn sich dies nicht signifikant ändert, kann das beste digitalisierte Nahversorgungsangebot die Probleme allerdings nicht lösen.

Der Deutsche Landkreistag sieht in der *kommunalen Verwaltung* einen wichtigen *Treiber* neuer Nahversorgungskonzepte und Projekte zur Sicherung der Daseinsvorsorge:

> „So hängt die Verwirklichung der verschiedenen Projekte im Bereich der digitalen Daseinsvorsorge zu einem großen Maß von einer Vernetzung verschiedener öffentlicher und privater Akteure und der Aktivierung gesellschaftlichen Engagements ab. Hier kann der jeweilige Landkreis seine besondere Bündelungsfunktion wahrnehmen und zugleich auf die traditionellen sozialen Strukturen im ländlichen Raum zurückgreifen. Die gesellschaftliche Struktur des ländlichen Raumes kann gezielt für die Umsetzung einzelner Digitalisierungsprojekte z.B. im Bereich des nachbarschaftlichen Engagements genutzt werden. Derart können die ureigenen Funktionsbedingungen des ländlichen Raumes und die traditionelle Funktion der Landkreise im Lichte der digitalen Transformation eine neue, zentrale Bedeutung erlangen." (Deutscher Landkreistag 2018, S.5)

4.7 E-Government und Open Data

Der Deutsche Städte- und Gemeindebund versteht unter E-Government

> „die Durchführung von Regierungs- und Verwaltungsprozessen mit Hilfe von Informations- und Kommunikationstechnik. Die mit der Weiterentwicklung der Informationstechnik verbundenen Möglichkeiten werden aber nur dann zur Modernisierung von Politik und Verwaltung führen, wenn die Verwaltung selbst sich verändert und die Politik ihr Rahmenbedingungen gibt, um diese Veränderung von innen heraus zu gestalten" (DStGB 2014, S.6).

Der Forderung des Städte- und Gemeindetages ist der Gesetzgeber tatsächlich zeitnah nachgekommen, indem er das im August 2017 in Kraft getretene Onlinezugangsgesetz[80] (OZG) verabschiedet hat, das Bund, Länder und die Kommunen verpflichten, bis spätestens 2022 alle Verwaltungsleistungen in Deutschland über Verwaltungsportale auch digital anzubieten und diese Portale zu einem Verbund zu verknüpfen. Der Gesetzgeber hat über 5.900 Verwaltungsleistungen in 575 OZG-Leistungen gebündelt und in 14 Themenfelder unterteilt und daraus einen Umsetzungskatalog erstellt (BMI 2018). Mit ihrem einmalig eingerichteten Konto können Nutzer künftig bundesweit alle digitalen Verwaltungsleistungen in Anspruch nehmen[81]. Dabei ist es nicht relevant, ob sie das Konto des Bundes oder eines Bundeslandes nutzen.

Der IT-Planungsrat des Bundes hat 2018 in der Verantwortung der Geschäfts- und Koordinierungsstelle GovData[82] das deutsche Metadatenmodell DCAT-AP.de[83] definiert, in dem alle Standards beschrieben sind.

Der Freistaat Bayern hat in seiner E-Government-Digitalisierungsstrategie *Montgelas 3.0* bereits im Jahr 2014 den Rahmen für die digitale Transformation der Verwaltung von Städten und Gemeinden festgelegt, der neben den rechtlichen Rahmenbedingungen auch mit dem *BayernPortal* eine zentrale E-Government-Plattform mit einheitlichen Verwaltungsdienstleistungen für alle Kommunen

---

80 http://www.gesetze-im-internet.de/ozg/

81 siehe z.B. http://bayernid.buergerserviceportal.de/bayernid_redaktion-2.html

82 https://www.govdata.de/

83 https://www.dcat-ap.de/

enthält und den Bürgern auch bereits eine dauerhaft gültige „BayernID“ bereitstellt.

91% der Kommunen in Deutschland schätzen den Mehrwert der digitalen Veränderungen als hoch oder sehr hoch ein, allerdings beurteilen nur 10% der Kommunen ihren aktuellen Status quo als gut, wie eine Befragung von 450 Gemeinden im Rahmen der Initiative „Zukunftsradar Digitale Kommune“ ergab (iit 2018a, S.12).

Die Umfrageergebnisse weisen darauf hin, dass für einen erfolgreichen Digitalisierungsprozess neben der noch fehlenden finanziellen, technischen und personellen Ausstattung vor allem auch das nicht vorhandene Know how hinderlich ist (eda., S.24).

Ein großes und schlummerndes Potential sehen die Autoren der Studie in den Kommunen als

> „zentraler Digitalisierungsakteur des gesamten kommunalen Gestaltungs- und Handlungsraums – der sich auf nahezu alle Lebensbereiche der Bürgerinnen und Bürger ausdehnen kann: Neben der Verwaltung zählen die Bereiche Wirtschaft und Handel, Bildung und Gesundheit, Infrastruktur und Mobilität sowie die bereichsübergreifende Vernetzung zu möglichen Feldern, in denen die Kommunen den digitalen Wandel als Innovationstreiber gestalten können“. (eda., S.34)

4.7.1 Musterland Estland - digitale Pioniere

Der Inbegriff einer digitalen Verwaltung ist in dem EU-Land Estland verwirklicht. Der Staat, der außerhalb der Hauptstadt Tallin eher ländlich strukturiert ist, hat im Rahmen seiner *X-Road-Strategie*[84] schon längere Zeit die Verwaltung soweit digitalisiert, dass die Esten 99% ihrer Behördengeschäfte online erledigen![85]

---

[84] https://e-estonia.com/category/x-road/

[85] Quelle: https://e-estonia.com/

4.7.2 Open Data

Open Data versteht sich zunächst als eine Teilmenge von Open Government, wo verschiedenste Daten der öffentlichen Hand frei zugänglich und maschinell lesbar sind und dabei kostenlos oder gegen Gebühr rechtssicher nutzbar gemacht werden (Ksoll et.al., S.10).

Zahlreiche Bereiche der Verwaltung und der Wirtschaft sind von der Problematik der Verfügbarkeit, Qualität, Organisation, Zugänglichkeit und gemeinsamen Nutzung von Geodaten betroffen. Eine Geodateninfrastruktur, wie sie in Bayern bereits in Teilen von der staatlichen GDI[86] bereitgestellt wird, schafft technische, organisatorische und administrative Grundlagen für die gemeinsame Nutzung, die Zugänglichkeit und die Verwendung von interoperablen Geodaten und Geodatendiensten.

Neben umfassendem Datenmaterial aus dem öffentlichen Sektor und der Politik gehören dazu aber auch Daten aus Wissenschaft, Wirtschaft und von Nichtregierungsorganisationen (NGO's). Darüber hinaus wird der „Data Lake" ergänzt durch medizinische, mathematische und weitere wissenschaftliche Daten sowie digitalisiertem Kartenmaterial unterschiedlichster Quellen (vgl. DStGB 2014, S.6).

Ganz besonders wichtig werden die sogenannten „neuen digitalen Daten", bei denen es sich um Echtzeitdaten handelt, die aus verschiedenen Quellen in den Data Lake einfließen (vgl. auch Kaczorowski 2017, S.8ff) wie zum Bespiel:

- Sensoren generieren permanent Daten aus der kommunalen Infrastruktur über den Zustand von Straßen, Gebäuden oder Brücken.
- Daten aus dem ÖPNV wie Auslastungsgrade und Verspätungen werden permanent ausgewertet und eingespeist.
- Verkehrsleit- und -management-Systeme generieren Daten z.B. für autonome Fahrzeuge über freie Parkplätze über Sensoren im Boden.
- Echtzeit-Energieverbräuche (Smart Metering) und Umweltdaten wie z.B. Schadstoffbelastungen.
- Verwaltungsdaten aus den Bürgerämtern wie z.B. aktuelle Wartezeiten.

[86] https://www.gdi.bayern.de

Welche Daten in welcher Form aufbereitet werden können, zeigt die Firma [ui!][87] als Dienstleister für cloudbasierte Dienstleistungen im kommunalen Raum u.a. mit einem Smart City Cockpit:

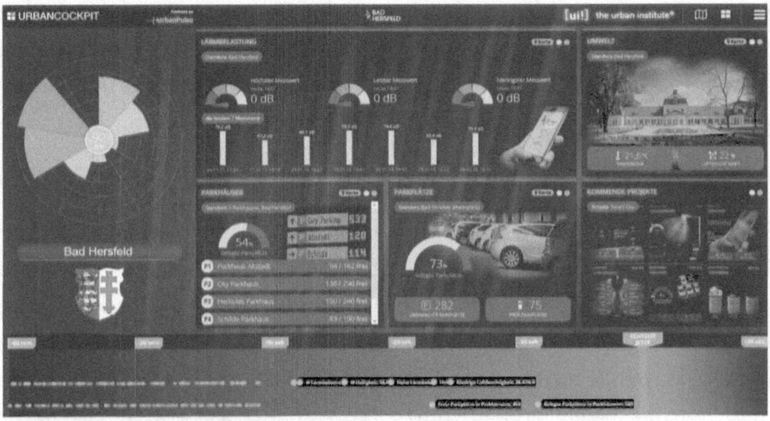

Abbildung 23: Smart City Daten-Cockpit / Quelle: entnommen am 11.11.18 bei https://www.ui.city/de/solutions/ui-cockpit

Die Anforderungen an Qualität und Bereitstellung dieser Daten ist formuliert in den Open-Data-Prinzipien[88] der bereits im Jahr 2006 in den USA gegründeten Non-Profit-Organisation Sunlight Foundation[89].

Vorteil der Bereitstellung aller verfügbaren Daten durch die Kommune ist zum einen, dass die Verwaltung mit weniger Anfragen zur individuellen Bereitstellung bestimmter Daten belastet wird, zum anderen eröffnet es der Öffentlichkeit Möglichkeiten, digitale Lösungen auf Basis dieser Daten zu entwickeln.

Derzeit wird in Deutschland die Aufbereitung eines *Musterdatenkataloges* für die Verwaltung diskutiert, in der alle Arten von Daten aufgelistet sind, die eine Kommune veröffentlichen kann. Der Einfachheit halber könnte man hier auf eine vergleichbare Liste aus Österreich zurückgreifen, wo man schon länger

87 https://www.ui.city/de/

88 https://www.govdata.de/documents/10156/18448/GovData_Open-Data-Kriterien_der_Sunlight_ Foundation.pdf/dca8fea0-8e04-4de0-8531-2bc3e8d4abc0 (aus dem englischen Original), eingesehen am 13.10.2018

89 https://sunlightfoundation.com

eine umfassende Aufstellung verfasst hat (Österreichische Städtebund 2017). Dort werden auch die Rollen der öffentlichen Verwaltung in Bezug auf Big Data beschrieben: als Produzent, als Konsument, als Förderer und als Reglementierer (ebd., S.8f).

Die Stadt Wien als einer der Pioniere in der Digitalen Transformation europäischer Großstädte hat derzeit über 450 verschiedene Datensätze als Open Data-Angebot[90] online, für die es 224 verschiedene Anwendungen und Smartphone-Apps gibt, die die Bevölkerung meist kostenfrei nutzen kann.

4.7.3 BayernAtlas – Landkreis Kulmbach

In Oberfranken ist der Landkreis Kulmbach schon auf einem guten Weg, für die Öffentlichkeit relevante Daten aus den Datenbanken aller Kommunen zu präsentieren. Auf der Geoportal-Seite des Landkreises[91] als Teil des staatlichen Bayern Atlas[92] findet man bereits eine Vielzahl von Geodaten, die von den Kommunen des Landkreises über eine standardisierte Schnittstelle eingespielt werden. Beispielsweise sind alle offiziellen Wanderwege erfasst, die auf den Tourismusseiten der jeweiligen Städte, Regionen und Gemeinden interessierten Benutzern zur Verfügung gestellt werden können.

> „Die übersichtliche Darstellung soll die vielfältigen Angebote des Landkreises bündeln, sichtbar und transparenter machen und z. B. die Attraktivität des Landkreises für Familien erhöhen. Die geographisch verortete Darstellung von allen Angeboten, die Familien betreffen, reichen von Kinderbetreuungseinrichtungen über Bildungseinrichtungen bis hin zu verschiedenen Freizeitaktivitäten. Gleichzeitig wird dadurch klar, dass sich das Geoportal ständig weiterentwickeln muss und wird, um stets aktuelle Informationen bereithalten zu können. So sollen Informationen zu Angeboten für Menschen mit Handicap oder Angeboten im Schulbereich, zum Beispiel Unternehmen, die duale Studiengänge anbieten, eingestellt werden."[93]

---

[90] https://www.data.gv.at/auftritte/?organisation=stadt-wien

[91] https://www.landkreis-kulmbach.de/landkreis-kulmbach/geoportal-landkreis-kulmbach/

[92] https://geoportal.bayern.de/bayernatlas

[93] entnommen auf der Website GeoPortal des Landkreises Kulmbach am 24.10.2018 unter https://www.landkreis-kulmbach.de/landkreis-kulmbach/geoportal-landkreis-kulmbach/

Einen sehr innovativen Ansatz beim Bereitstellen von Daten ist der nordostbayerische *Landkreis Cham* gegangen, der schon seit dem Jahr 2003 eine Open-Data-Strategie verfolgt und hierfür eine leistungsfähige und umfangreiche Plattform[94] mithilfe der Mapping- und Analyse-Software der US-amerikanischen Firma *esri*[95] eingerichtet hat.

4.7.4 Können die Konzepte für E-Government und Open Data als Teil der digitalen Transformation die ländlichen Regionen retten?

Die Bundesregierung ist überzeugt: „Die digitale Transformation der öffentlichen Verwaltung wird besonders den Menschen in den ländlichen Räumen eine Erleichterung bringen." (BMEL 2016b, S.68)

Die Bereitstellung *digitaler Verwaltungsleistungen* ist gerade für ländliche Regionen von großer Bedeutung. Durch die „Automatisierung" der Verwaltung entstehen eine Vielzahl von Vorteilen:

- Reduzierung des Personalbedarfes in der Verwaltung. Dies kann sowohl Kosten reduzieren („schlanke" Verwaltung) als auch Kapazitäten freimachen, um Entwicklungsprojekte in der Gemeinde zu begleiten und zu fördern (Stichwort „Disrupt Yourself", siehe Kapitel 3.2).
- Aufgrund der eingeschränkten Mobilität vieler Landbewohner einerseits und angesichts negativer Umweltauswirkungen des individuellen Personenverkehrs andererseits ist es sinnvoll, wenn möglichst alle Verwaltungsakte vom heimischen Computer oder vom Smartphone aus erledigt werden können. Allerdings setzt dies eine gewisse digitale und auch kognitive Kompetenz der User voraus (siehe hierzu auch Kapitel 4.9).

Und auch die *Bereitstellung von Daten jeglicher Art* durch die Kommune ist eine wichtige Voraussetzung und gleichzeitig Triebfeder für die digitale Transformation des ländlichen Raumes. Hierbei scheint es aber dringend angezeigt, dass die Entwicklung geeigneter Konzepte und die Bereitstellung entsprechender Instrumente zur Datenaufbereitung „top down" entwickelt werden sollten, also über die Landes- und Bezirksebene hinunter in Städte und Kommunen, wie dies

[94] https://data-lra-cha.opendata.arcgis.com/

[95] https://www.esri.com/en-us/industries/government/overview

in Österreich bereits erfolgreich vorexerziert wird[96]. Dabei wird es von der Grundkonzeption wenig Unterschiede zwischen „Smart Cities" und „Smart Country Sides" geben, wenn auch die einzelnen Datenstrukturen unterschiedlich sind. Deshalb sieht der Verfasser dies als *hoheitliche Aufgabe*, zumal auch viele Aspekte des Datenschutzes und der Datensicherheit hier hineinspielen.

Wichtig für eine nachhaltig positive Wirkung der *Open-Data-Strategie* ist es auch sicherzustellen, dass spezielle Daten jeweils nur an einer Stelle produziert und auch nur einmal veröffentlicht werden, um Qualität und Konsistenz zu sichern und uneffektive doppelte Datenhaltung zu vermeiden. In Estland hat sich dieses Prinzip der „Once-only-Data" längst etabliert. So heißt es im *e-Estonia-Guide* der Regierung: „Once-only – Data is collected only once by an institution, eliminating duplicated data and bureaucracy." (Estonia 2018, ohne Seitenangabe). Dies gilt gleichermaßen für die Open-Data-Lieferanten und auch für die Bürger als Lieferanten ihrer persönlichen Daten[97].

---

96 siehe hierzu https://www.data.gv.at/

97 Siehe hierzu auch EU-Kommission: once-only-principle for citizens. http://toop.eu/

4.8 Open Government und E-Partizipation

Im Erklärvideo[98] des *Open Partnership Government*[99], einer Initiative zu „Changing the culture of government", der neben Deutschland mittlerweile 77 andere Länder beigetreten sind, wird die Philosophie der Idee wie folgt umrissen:

- Open by default
- Policy by the people
- Accountability by results

Open Government ist ein Ansatz, das Regierungs- und Verwaltungshandeln hin zu Dritten auf einer digitalen Plattform transparent zu machen und mit den Bürgern, der Zivilgesellschaft und der Wirtschaft zu kollaborieren.

Mithilfe digitaler Medien und in einer verständlichen Form auf Augenhöhe sind die Bürger an kommunalen Entscheidungs- und Leistungserstellungsprozessen partizipativ eingebunden, die sich dann nicht mehr nur in den Amtsstuben und den Gemeinde- und Stadtratssitzungen vollziehen. Die offene und partizipationsfördernde Kommune wird damit auch zur lernfähigen Kommune (vgl. DStGB 2014, S.6), in der alle Aspekte des bürgerlichen Zusammenlebens ebenso auf einer digitalen Plattform berücksichtigt werden wie eine transparente und kommunikative Gemeinde- (oder Stadt-) verwaltung.

4.8.1 Mängelmelder der Stadt Bayreuth

Mit der App „Mängelmelder" der Stadt Bayreuth können Smartphone- oder Tablet-Besitzer mobil Ideen- und Beschwerdemeldungen erfassen und an die Stadtverwaltung senden.

Egal, ob es sich um eine defekte Straßenbeleuchtung, einen nicht gestreuten Gehweg oder Schlaglöcher in der Straße handelt – oder aber um eine Idee, eine Anregung, einen Verbesserungsvorschlag: Mit der Mängelmelder-App sollen Ideen- und Beschwerdemeldungen schnell und einfach erfasst werden können. Bei Bedarf gibt es die Möglichkeit, ein Foto und/oder die aktuellen GPS-Positionsdaten anzugeben und der Meldung beizufügen. Die Eingaben sollen direkt in

98 eingesehen am 15.11.18 unter https://opengovpartnership.de/

99 https://www.opengovpartnership.org/

den Workflow der Stadtverwaltung integriert und dort geprüft und bearbeitet werden. Die Dienststellen werten die Mitteilung aus, benachrichtigen den Bürger und versuchen, so schnell wie möglich Abhilfe zu schaffen.[100]

4.8.2 DorfNews - Mitteilungsblatt in digitaler Form

In der Regel besitzen alle Gemeinden, Kommunen und Städte analoge Mitteilungsblätter, die meist nur stiefmütterlich behandelt werden und an deren Sinn, Zweck und Konzeption sich immer wieder die Geister scheiden. Beispielsweise gab es kürzlich in der *Gemeindeversammlung der Gemeinde Bindlach* bei Bayreuth (ca. 7.300 Einwohner) eine stundenlange Diskussion[101], welcher Preis für ein Jahresabonnement des Amtsblattes der richtige sei und ob neue Gemeindemitglieder das Blatt für ein Jahr kostenlos erhalten sollen. Beispielsweise kostet das Jahresabonnement dort derzeit 13 Euro und die Stadt legt, trotz der nicht unerheblichen Werbeeinnahmen durch Anzeigen in Höhe von 35.000 EUR, noch 6.500 Euro im Jahr für die Kosten der Hausverteilung an 1.400 Abonnenten drauf. Hochgerechnet kostet das Amtsblatt somit rund 60.000 EUR im Jahr.

Der Aufwand ist also erheblich, man erreicht nur einen Teil der Gemeinde und die Informationen, die den Leser irgendwann per Mitteilungsblatt erhalten, sind zu diesem Zeitpunkt meist schon veraltet oder überholt.

Alle Gemeinden und Kommunen in Deutschland betreiben - oftmals sehr unprofessionell - auch ihre eigenen Webseiten, wo sie mit den Bürgern (meist einseitig) kommunizieren, über Angelegenheiten der Gemeinde schreiben und teilweise auch über Veranstaltungen und Vereinsaktivitäten berichten. Allerdings entsprechen diese Angebote und ihre Präsentation häufig nicht den Erwartungen der Besucher (User Experience) und einer notwendigen Benutzerfreundlichkeit, der Usability (Krug 2014). Außerdem funktionieren die Seiten meist nicht auf Smartphones (responsive Web Design) - was heute für jedes Angebot im Internet ein MUSS ist (Mobile First oder gar Mobile Only!).

---

[100] entnommen von der Website der Stadt Bayreuth unter https://www.bayreuth.de/rathaus-buergerservice/online-service/kritik-anregungen/

[101] Quelle: Pressebericht im Nordbayerischen Kurier vom 10.10.2018, S.17

In Rheinland-Pfalz hat das Innenministerium zusammen mit dem Fraunhofer IESE ein Projekt aufgelegt, um zu untersuchen, wie sich durch die Digitalisierung neue Chancen für ländliche Regionen entwickeln können (Fraunhofer IESE 2016). Von mehreren Bausteinen ist einer die Entwicklung eines lokalen Online-Nachrichtenportals namens DorfNews[102], bei dem die Redaktion der Nachrichten bei der Gemeindeverwaltung liegt. Auf diesem Portal lassen sich lokale Nachrichten schnell zu den Bürgern bringen und Infos über Veranstaltungen, aktuelle Meldungen, Öffnungszeiten z.B. für das Bürgerbüro und das lokale Wetter können abgerufen werden. Bei der Gestaltung der Inhalte sind Bürger, Vereine und lokale Unternehmen mit eingebunden. Ergänzt wird dieses Portal mit einer App namens DorfFunk[103], die es den Bürgern erlaubt, untereinander zu kommunizieren und sich z.B. zur Nachbarschaftshilfe zu verabreden und auch mit der Gemeindeverwaltung zu kommunizieren, z.B. eine wilde Müllablagerung zu melden.

Das digitale Dorfprojekt wird derzeit in zwei Landgemeinden umgesetzt[104] und soll zukünftig anderen Gemeinden als Blaupause oder als White-Label-Lösung angeboten werden.

Um die E-Partizipation in der Stadt langfristig und strategisch umzusetzen, hat die Stadt Nürnberg bereits im Jahr 2013 einen „Leitfaden für e-Partizipationsverfahren in der Stadt Nürnberg"[105] verabschiedet, der Ziele und Maßnahmen für die Stadtverwaltung vorgibt und beschreibt.

---

102 https://www.digitale-doerfer.de/unsere-loesungen/dorfnews/

103 https://www.digitale-doerfer.de/unsere-loesungen/dorffunk/

104 siehe beispielsweise http://www.vg-goellheim.de/vg_goellheim/

105 Eingesehen am 05.12.18 unter https://www.nuernberg.de/internet/digitales_nuernberg/e-partizipation.html

Abbildung 24: Smartphone-App DorfFunk / Quelle: entnommen bei https://www.digitale-doerfer.de/unsere-loesungen/dorffunk/

4.8.3 Können die Konzepte für Open Government und E-Partizipation als Teil der digitalen Transformation die ländlichen Regionen retten?

Die Google-Suche „Streit im Gemeinderat" ergibt 700.000 Treffer (...).

Vielfach wird den gewählten Vertretern vorgeworfen, dass sie nicht die Bedarfe und Interessen der Bürger vertreten würden, sondern sich in geschlossenen Räumen in parteipolitisch geformten Fraktionen häufig nur emotional geprägte Scheingefechte liefern würden. Und oft fühlen sich Bürger in den Kommunen bei Entscheidungen der Gremien weder ausreichend informiert noch eingebunden.

Open Government und E-Partizipation bis hin zum E-Voting (Reiners 2017) sind nicht nur Bestandteile der digitalen Transformation der politischen Verwaltung, sondern wichtige Voraussetzung dafür, dass die verschiedensten Konzepte der Digitalisierung gemeinsam und demokratisch mit einer breiten Basis in der örtlichen Bevölkerung entwickelt werden und dass *Verständnis und Akzeptanz* für die notwendigen tiefgreifenden Veränderungen als Voraussetzung für eine nachhaltige Umsetzung erzeugt wird.

In allen Bereichen kommunaler Aktivitäten möchten und sollen sich die Bürger beteiligen. Die niederschwellige Nutzung digitaler Kommunikations- und Vernetzungsmedien unterstützt die Mobilisierung von Mitstreitern und ehrenamtlichen „Aktivisten" als auch die Beschaffung relevanter Informationen für notwendige Entscheidungen. Sie durchbrechen die lange existierende oder zumindest empfundene Informationshoheit der öffentlichen Hand – und das „just in time" und kostengünstig (Danielzyk und Lobeck 2015, S.8).

Eine Kommune, die Open-Government und E-Partizipation konsequent umsetzt, leistet einen wichtigen Beitrag dazu, mit der Einbindung und Aktivierung der Bevölkerung der jeweiligen ländlichen Region die Erneuerungskräfte zu stärken, die für die digitale Transformation der Smart County Side und der Beseitigung bestehender Probleme und Herausforderungen nötig sein wird.

4.9 Schulung, Ausbildung, e-Learning und Digitale Teilhabe

Die beste Internetversorgung, die intelligentesten Apps und die nützlichsten digitalen Geschäftsmodelle nützen nicht, wenn die potentiellen Adressaten digitaler Lösungen „das Internet" nicht nutzen. In der Wissenschaft spricht man auch von der *digitalen Spaltung der Gesellschaft* (siehe auch BBSR 2016).

4.9.1 Digitale Teilhabe ist unumgänglich

Bei der Frage nach Chancengerechtigkeit und Partizipation in der Gesellschaft wird der souveräne Umgang mit digitalen Medien und dem Internet immer wichtiger. Digitale Teilhabe bedeutet mittlerweile auch soziale Teilhabe, da Alltagsorganisation und -gestaltung heute immer mehr digital gesteuert wird. Denn „teilzuhaben" bedeutet, an den Infrastrukturen und Angeboten einer Gesellschaft umfassend partizipieren zu können und dadurch ein gleiches Maß an sowohl beruflichen wie auch privaten Chancen zu erlangen (DIVSI 2016c, S.76).

Von der zunehmenden Digitalisierung aller Lebensbereiche, verbunden mit deren disruptivem Wandel, sind vor allem die älteren und oft auch die weniger gebildeten Bevölkerungsteile im ländlichen Raum besonders betroffen und herausgefordert. Und auch viele Kleinunternehmer, Gewerbetreibende und Landwirte sind von einem notwendigen Basiswissen zu Chancen und Herausforderungen der digitalen Transformation noch weit entfernt. Ohne ein Grundwissen im großen Themenfeld der Digitalisierung sind diese Menschen von der Partizipation in vielen Bereichen unserer Gesellschaft und des zukünftigen (Wirtschafts-) Lebens ausgeschlossen.

4.9.2 Wie kommt man an die „digital Abseitsstehende" heran?

In einer gerade vorgestellten Studie auf Basis einer repräsentativen Befragung zur Internetnutzung von über 20.000 Personen ab 14 Jahren in Privathaushalten hat sich gezeigt, dass immer noch 25% der Bevölkerung „Digital Abseitsstehende" sind, also das Internet weder stationär noch mobil nutzen (Initiative D21 2017/2018, S. 8). Dass dies vor allem ein Problem des Alters ist, beweist der Umstand, dass die 14- bis 49-Jährigen fast zu 100% über einen Online-Zugang verfügen, die über 70-Jährigen aber nur noch zu 42% (ebd., S.58).

Beispielsweise haben 44% der Gesamtbevölkerung nach dieser Befragung keine Kompetenz für Online-Überweisungen (ebd., S.45). Im Vergleich dazu: in dem „Digitalen Musterland“ Estland (siehe hierzu u.a. den Stand der digitalen Infrastruktur in Kapitel 4.1 und 4.2) werden über 99% aller Banküberweisungen online getätigt![106]

Eine andere Untersuchung (DIVSI 2016c) hat die digitalen Lebenswelten der über 60-Jährigen beleuchtet und ordnet eine große Gruppe von fast 50% den „internetfernen Verunsicherten“ zu (inklusive der „Offliner“).

Es ist davon auszugehen, dass die Quote der „Digital Abseitsstehenden“ und der „Internetfernen Verunsicherten“ in ländlichen Regionen noch höher sein dürfte. Angesichts des geringeren Bildungsabschlusses und des höheren Durchschnittsalters in ländlichen Regionen besteht die Gefahr, dass diese Gruppen von der Nutzung digitaler Angebote vermehrt ausgegrenzt oder benachteiligt werden, da sich parallel mit der zunehmenden Digitalisierung auch die Anforderungen an die Kompetenzen der Nutzer erhöht (Williger und Wojtech 2018a, S.9).

Beispielsweise haben in Städten über 100.000 Einwohnern 43,2% der Bevölkerung einen Hochschul- oder Fachhochschulabschluss, in Städten unter 5.000 Einwohnern nur 21,9% und damit gerade nur halb so viel (Destatis 2017, S.46). Der *Anteil der Menschen über 50 Jahre* beträgt in Oberbayern derzeit 39,3%, in Oberfranken 45,3% und als „Extremfall“ im Landkreis Wunsiedel 50,8% (Regierung von Oberfranken 2015).

Ein Blick über Deutschland Grenzen hinaus zu unseren Nachbarn in der Europäischen Union zeigt aber, dass andernorts das Problem der „Offliner“ noch viel gravierender ist. Laut einer Auswertung der CORA-Initiative der Europäischen Kommission (**CO**nnecting **R**emote **A**reas with digital infrastructure and services) haben in dünn besiedelten Regionen Europas (nach der CORA-Definition 28% der Fläche) bis zu 50% der Menschen (Bulgarien) im Jahr 2016 noch niemals das Internet benutzt (atene 2017)!

---

106 siehe https://e-estonia.com/solutions/business-and-finance/

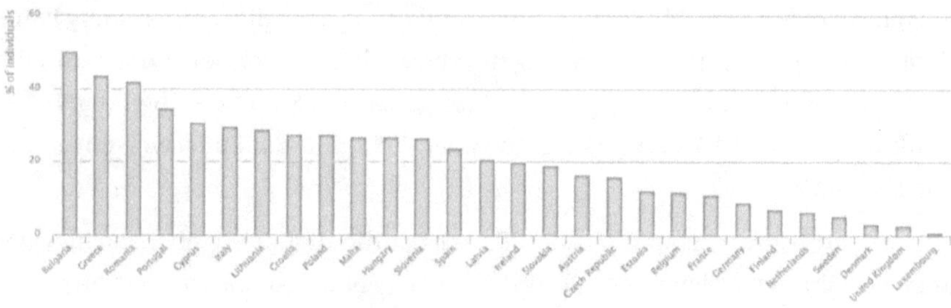

Tabelle 12: Anteil der Offliner in Europas dünn besiedelten Regionen / Quelle: https://atenekom.eu/wp-content/uploads/2017/11/06_GW17_CORA-project_KhodabakhshP.pdf, S.6

Aber wenden wir uns wieder Deutschland zu. Um die Chancen der Digitalisierung für Problemlösungen im ländlichen Raum wahren zu können, müssen diese Menschen auf dem Weg zur digitalen Transformation kompetent und resilient (standhaft, anpassungsfähig und wandlungsfähig) gemacht werden (vgl. Schneider 2017, S.85ff). Und sie müssen auch aufgeklärt und geschützt werden, um nicht den Gefahren des Internets wie Hacker- und Trojanerangriffen, Cyberkriminalität und Datendiebstahl, Social Bots und Fake News schutzlos ausgeliefert zu sein (Lesch, Harald 2018, S.17ff).

Van Dijk und Van Deursen (2014, S.21-42) definieren sechs verschiedene Internetfähigkeiten und Kompetenzgrade, die bei den Menschen so hoch als möglich ausgebildet sein sollten. Dabei unterschieden sie zwei je technisch orientierte Fähigkeiten, nämlich *operational-* und *formal-internet skills* sowie vier inhaltlich ausgerichtete Kompetenzen, als da wären *information-, communication-, content creation- und strategic-internet skills.* Wenn diese Fähigkeiten nicht entwickelt sind, dann wird es speziell für schlechter ausgebildete Menschen in ländlichen Regionen schwer, die Vorteile und Chancen der Digitalisierung möglichst umfänglich zu nutzen und gar der Aufforderung „Disrupt Yourself" (siehe Kapitel 3.2) zu folgen.

> „For all Internet skills, less-educated populations seem to struggle most. While these groups have always been socially disadvantaged, their life chances are now in greater danger. These groups are increasingly excluded from all of the benefits the Internet now has to offer" (ebd., S.91)

Auch das DIVSI weist in seiner Internet-Milieustudie darauf hin, dass zur Sicherung der digitalen und damit auch immer stärker der sozialen und gesellschaftlichen Teilhabe weder eine Bereitstellung technischer Zugänge noch eine bloße Motivation zu mehr Internetnutzung ausreicht. Vielmehr sei es entscheidend, die Menschen auch entsprechend zu befähigen, sich souverän in der digitalen Welt zu bewegen und Risiken richtig einzuschätzen. Dies gelte vor allem für die Gruppen der „unbekümmerten Hedonisten" und der „internetfernen Verunsicherten" (DIVSI 2016b, S.108f).

Jüngst veröffentlichte die „"Stiftung Digitale Chance" (2017) eine Studie, in dessen Rahmen 300 Senioren im Umgang mit Tablets geschult wurden[107]. Am Ende der Schulung konnten von den Teilnehmern immerhin 72% selbständig E-Mails senden und empfangen, 66% Fahrpläne etc. abrufen und 53% die mobile Navigation nutzen. Folgende Erkenntnisse ergaben sich des Weiteren[108]:

- Die Internetnutzung wird nur teilweise vom Alter determiniert, viel wichtiger sind soziale Kontakte und persönliche Mobilität.
- Die Mobilen Technologien wie z.B. Handynavigation können die Mobilität der Senioren verbessern und zur Teilhabe am gesellschaftlichen Leben verhelfen.
- Komplexe Anwendungen mit echten Vorteilen in der selbständigen Alltagsbewältigung wie z.B. Online-Banking oder E-Commerce werden nur von Senioren genutzt, die Erfahrungen im Umgang mit digitalen Medien und einen höheren Wissensgrad besitzen - ansonsten beschränkt sich der Gebrauch auf das Spielen und höchstens einmal eine Zugauskunft.
- Erst durch entsprechende Unterstützung und Begleitung erwerben Senioren eine notwendige digitale Kompetenz sowie das nötige Selbstvertrauen im Umgang mit dem Internet.
- Angebote zur digitalen Weiterbildung müssen die Erwartungen der Senioren berücksichtigen und sich ganz konkret an deren Lebenswirklichkeit orientieren.

---

107 https://www.digital-mobil-im-alter.de/index.cfm/secid.296, download am 17.10.2018

108 https://digital-mobil-im-alter.de/

- Kurse und andere Weiterbildungsangebote sollten ergänzt werden durch leicht erreichbare Sprechstunden bei aufkommenden Fragen und Problemen.

4.9.3 IHK Coburg trainiert Oberfranken für die digitale Welt

Der Nordbayerische Kurier in Bayreuth vermeldete, dass die IHK zu Coburg ab dem Jahr 2019 die Beratung für Unternehmen und Arbeitnehmer *im Regierungsbezirk Oberfranken* zum Thema *„Digitale Zukunft“* federführend übernehmen wird und damit auch einen Beitrag zum zukünftigen Fachkräftebedarf leistet (Busl 2018). Die Maßnahme unter der Überschrift *„Pakt für berufliche Weiterbildung 4.0“* wird u.a. vom bayerischen Arbeitsministerium gefördert. In der Präambel der Erklärung heißt es: „Die berufliche Handlungskompetenz der Beschäftigten ist der Dreh- und Angelpunkt, um die Potenziale der digitalen Transformation erfolgreich zu erschließen. Alle Beschäftigten und Betriebe in Bayern sollen beim digitalen Wandel mitgenommen werden.“ (Bayerische Staatsregierung 2018c, S.2)

4.9.4 Bildungsangebote für Ältere im Landkreis Tirschenreuth

Zunehmend wird das Internet mit allen digitalen Applikationen den Alltag auch all derjenigen Personen betreffen, die noch keinen Zugang zum Internet haben. Im Sinne eines menschenzentrierten Ansatzes dürfen gerade ältere Personen nicht nur als passive, zu um- und versorgende Personen (Adressaten) bewertet werden, sondern sollen im Sinne eines *Empowerments* als Akteure integriert sein. Kontinuierlicher Zugewinn durch die Anwendung von erworbenen digitalen Kompetenzen durch lebenslanges Lernen versetzt auch die älteren Menschen in eine aktive Rolle bei der Teilhabe in und an der Gesellschaft (Lutze und Weiß 2016, S.161f).

In dem vom demographischen Wandel und der Überalterung stark betroffenen Landkreis Tirschenreuth (siehe auch Kapitel 1.1) startete man 2018 ein Projekt, in dem ältere Erwachsene zur digitalen Teilhabe mit neu zu konzipierenden Schulungsangeboten zur Digitalisierung befähigt werden sollen. Nach dem Zusammentragen und der Bewertung von Best practice-Beispielen aus Deutschland werden zunächst die Bedarfe der Region ermittelt, um in einem zweiten Schritt diese Angebote bei der Zielgruppe zu implementieren und Schulungs- und Informationsangebote weiter auszubauen. Das Projekt erfolgt in

Kooperation zwischen der Fraunhofer-Arbeitsgruppe für Supply Chain Services SCS, des Fraunhofer-Instituts für Experimentelles Software-Engineering IESE und der kommunalen Wohnberatungsstelle des Landkreises Tirschenreuth.[109]

4.9.5 Der „digitale Enkel" hilft Senioren, wenn es beim Smartphone klemmt

Das *Bayerische Rote Kreuz in Kronach*, unterstützt von der örtlichen Sparkasse, hat das Angebot eines *Freiwilligen Sozialen Jahres – DIGITAL* für junge Menschen im Angebot. Aufgabe des FSJ-ler ist es, für Senioren (aber auch für andere Zielgruppen in der Bevölkerung) in Vorträgen und Workshops Mut für die Digitale Welt zu machen und Digitale Sprechstunden (auf Wunsch auch zuhause) durchzuführen[110]. Mit diesem Angebot, das eine neue Komponente im BRK-Projekt *Lebensqualität für Generationen* ist, möchte BRK-Kreisgeschäftsführer Roland Beierwaltes „die Digitalisierung den Generationen greifbar machen"[111].

4.9.6 Ostwestfalen-Lippe (OWL) mit Leuchtturmprojekt für digitale Kompetenzen

Der Regierungsbezirk Detmold, der geografisch auch Ostwestfalen-Lippe (OWL) genannt wird, geht mit der *Strategie OWL 4.0* die digitale Transformation der Region konsequent an. Eines von 10 Projekten im Rahmen dieses Strategiepaketes ist die *Entwicklung einer Smart Country Side* (SCS).

Seit 2016 entwickelt man mit der SCS, die aus Mitteln des „Europäischen Fonds für regionale Entwicklung" (EFRE) gefördert wird, ein digitales Kooperationsprojekt für die Landkreise Lippe und Höxter mit insgesamt 16 Modellorten. Begleitet wird das Projekt von der niedersächsischen Hochschule für angewandte Wissenschaft und Kunst (HAWK) und der nordrhein-westfälischen Hochschule Ostwestfalen-Lippe in einem länderübergreifenden transdisziplinär arbeitenden Forschungszentrum[112].

Neben der Entwicklung und Erprobung einer digitalen Plattform für und mit den Bürgern gibt es über einen Zeitraum von 15 Monaten zertifizierte

---

[109] https://www.scs.fraunhofer.de/de/forschung/digitalisierung/edorf_senioren.html

[110] https://www.s-kukc.de/fsj

[111] Neue Presse Coburg, Regionalteil Kronach vom 09.10.17: Neue Medien sind für Senioren keine Zauberei

[112] Siehe http://das-zukunftszentrum.de/

Schulungen, Vorlesungen, Fachveranstaltungen, praxisorientierte Trainings und Exkursionen für 140 künftige ehrenamtliche *Dorf-Digital-Experten*[113]. Sie informieren sich über die digital vernetzte Welt, üben die kompetente Handhabung digitaler Anwendungen und lernen, wie man online rechtssicher Einkäufe erledigt, Eintrittskarten bestellt, Verträge abschließt, Software und Virenschutz installiert, Informationen recherchiert, E-Reader benutzt und mithilfe von CMS-Systemen Webseiten gestaltet. Danach geben sie ihr Wissen selbstorganisiert an die jeweiligen Dorfgemeinschaften weiter. Dazu werden in den Dörfern jeweils *digitale Klassenzimmer in Dorfgemeinschaftshäusern* eingerichtet, die mit digitaler Technik dauerhaft versorgt sind und für verschiedene Zwecke genutzt werden können.[114]

4.9.7 Digitalisierung und die „Facing Fears"

Nicht nur die fachliche Kompetenz im Umgang mit dem Internet und der digitalisierten Umwelt stellt immer noch eine Hürde für viele Menschen unserer Gesellschaft dar. Knopp und Paderta weisen darauf hin, dass die Digitalisierung über kognitive Befähigungen hinaus sowohl Verhaltens- als auch Einstellungsänderungen erfordere, was aber bei manchen Menschen *Verunsicherung oder gar Angst* auslöse (Knopp und Paderta 2016, S.38)

Neben der Weiterbildung der „Alten" rund um digitale Themen ergibt sich im ländlichen Raum eine weitere Herausforderung: die rückläufigen Angebote in der Primär-, Sekundär- und Tertiärbildung sowie allgemeiner Weiterbildungsangebote. Durch den Bevölkerungs- und Schülerrückgang einerseits und die zunehmenden Anforderungen beim Niveau der Ausbildung andererseits wird es immer schwieriger, diese Angebote im ländlichen Raum aufrecht zu erhalten. Um hier entgegen zu wirken, wird verstärkt auf eine digitale Ausstattung der Bildungseinrichtungen und auf den Einsatz digitale Lehrmittel gesetzt. Unabhängig vom Lernort könnte mit E-Learing-Angeboten und Online-Kursen eine Lücke geschlossen werden (vgl. Cäsar und Wojtech 2017, S.37f).

---

[113] Siehe https://www.nw.de/lokal/kreis_hoexter/borgentreich/22278111_Roesebeck-schreitet-voran-in-die-digitale-Zukunft.html

[114] Siehe https://blog-smartcountry.de/smart-country-side-buerger-erproben-das-digitale-dorf-von-morgen/

4.9.8 School of Distance Learning auf den Ostfriesischen Inseln

Als Referenzprojekt präsentiert das BMEL ein 2012 gestartetes digitales Schulprojekt SDLN[115], bei dem seit dem Jahr 2015 Schüler auf den ostfriesischen Inseln ein Festlandgymnasium[116] bis zur 10.Klasse besuchen können, ohne die Insel zu verlassen. An dem Unterricht nehmen sie parallel zu der regulären Klassengemeinschaft per Videokonferenz teil. Nachdem der Besuch der Internetseite des Projektes keinen besonders „aktuellen" Eindruck gemacht hatte, ergab ein Telefonat mit der Schulleitung des Niedersächsischen Internatsgymnasium in Esens[117] als Träger des Fernunterrichtes folgendes Resultat:

Das ausgelaufene Modellprojekt *School of Distance Learning (SDLN)* konnte in den Regelbetrieb überführt werden. Es findet keine „Online-Vollbeschulung" der Schüler mehr statt. Der Fernunterricht wird aber z.B. genutzt, um Schülern an einer Inselschule, die derzeit keinen Chemie-Fachlehrer mehr hat, trotzdem den Chemieunterricht zu gewährleisten. Ähnliche Angebote gibt es z.B. auch für Französisch-Unterricht. Generell geht es darum, die Schüler auf dem Weg zur Oberstufe und zum Abitur möglichst lange die Möglichkeit zu bieten, auf den Inseln wohnhaft zu bleiben, bevor sie aufs Festland-Gymnasium mit Internat wechseln müssen. Weiterhin werden Videokonferenzen für Elterngespräche genutzt, deren Kinder das Internat besuchen[118].

4.9.9 E-Learing im universitären Umfeld

Als ein *europäischer Megaprovider im E-Learning* hat die Hochschule Lübeck in den letzten 15 Jahren ein Online-Weiterbildungsangebot[119] entwickelt, mit dem man berufsbegleitend studieren (Bachelor und Master) oder neue Dinge in den Schulungsangeboten, flexiblen Selbstlernkursen oder kostenfreien MOOCs (Massive Open Online Courses) lernen kann. Der Input wird von mehr als 150 Professorinnen und Professoren, Unternehmen und Institutionen geleistet und von dem Uni Spin-Off *oncampus GmbH* mit rund 70 Mitarbeitern betreut.

---

115 https://www.sdln.de/

116 http://wp2.nige.de/wordpress/

117 Telefonat mit Frau Anja Renken-Abken am 06.11.2018

118 Konzeptbeschreibung unter https://sdln.de/SDLN - Konzept.pdf, eingesehen am 07.11.18

119 https://www.oncampus.de/

4.9.10 Pädagogik-Modellprojekt in Oberfranken: die vierte Kulturtechnik

Das bayerische Staatsministerium für Digitales, Europa und Medien hat im Oktober 2018 bei einem Besuch von Staatsminister Eisenreich in Bayreuth ein *Pädagogik-Modellprojekt* ausgerufen und der *Universität Bayreuth* in Kooperation mit dem Gründerzentrum *Lagarde1* in Bamberg den Auftrag erteilt, dieses Modellprojekt in Oberfranken zu entwickeln und umzusetzen. Das Ministerium hat den Umgang mit digitalen Medien neben Lesen, Rechnen und Schreiben zur *„vierten Kulturtechnik“* ausgerufen und möchte hierzu ein entsprechendes Umsetzungskonzept „Informatik“ für den Schulbetrieb entwickeln[120].

Als Referenz für dieses Projekt mag auch wieder der EU-Staat Estland (europäische Nr.1 im letzten PISA-Test 2015[121]) dienen, in dem es schon seit dem Jahr 2013 zum festen Lehrplan gehört, bereits in der Grundschule (ab 7 Jahre) das Programmieren zu erlernen! [122]

4.9.11 Können die Konzepte für digital gestützte Ausbildung als Teil der digitalen Transformation die ländlichen Regionen retten?

Die Zukunft der Bildung wird vom E-Learning geprägt sein, bei dem Lernprozesse durch den Einsatz von Informations- und Kommunikationstechnologien digital gestützt werden. Diese Technologien erlauben z.B. Live-Übertragungen von Lehrveranstaltungen, die digitale und ortsunabhängige Zusammenarbeit von Lerngruppen und auch das Lernen mit multimedialen Lernmaterialien (Kombination von Textdokumenten, Videos und Onlineübungen). Durch den ortsunabhängigen Zugang zu zahlreichen Bildungs- und Übungsmaterialien wird man auch den Anforderungen unterschiedlicher Lerntypen und der notwendigen Lerndifferenzierung in Klassenverbunden gerade im ländlichen Raum gerecht (Heß und Polst 2017, S.25).

Der Megatrend der Digitalisierung aller Lebensbereiche ist unaufhaltsam und wirkt sich auf unser Leben heute und noch mehr morgen massiv aus.

---

120 Presseartikel im Nordbayerischer Kurier vom 18.10.2018: Digitale Bildung wichtig, S.7

121 https://www.oecd.org/pisa/pisa-2015-results-in-focus.pdf

122 https://www.hitsa.ee/about-us/news/estonian-schools-are-teaching-children-as-young-as-seven-how-to-programme-computers

„Gleichwertige Lebensverhältnisse“ setzen dabei voraus, dass für alle Menschen ein ausreichender Grad der „digitalen Partizipation“ gewährleistet ist.

Der Bereich Bildung und Lernen ist ein zentraler Treiber im Gesamtkonstrukt Leben und Arbeiten. Nur mit einer konsequent vernetzten digitalen Infrastruktur und neuen digitalen Bildungsangeboten kann eine gesamtgesellschaftliche, soziale und nachhaltige Zukunftsentwicklung im 21. Jahrhundert auch in ländlichen Regionen erreicht werden (Wagner und Karosser 2016, S.56).

Um das Lernen mit digitalen Medien im ländlichen Raum zu fördern, bedarf es umfassender Maßnahmen wie die Bereitstellung der technischen Infrastruktur, systematische Beratungs- und Unterstützungsangebote, regelmäßige Qualifizierungsmaßnahmen von Entscheidern, Lehrenden und Personalverantwortlichen sowie vor allem auch die Befähigung der Lernenden zur Nutzung der digitalen Schulungs-Medien (Rohs und Hellriegel 2015, S.110).

Insofern ist es essentiell, auch die Menschen „auf dem Lande“ bei der Reise in die Digitale Transformationsgesellschaft mitzunehmen und ihnen in der Aus- und Fortbildung das Rüstzeug dazu zu geben, weshalb eine digitale gestützte Ausbildung auf dem Weg in die Wissensgesellschaft einen wichtigen Beitrag zur „Rettung“ der ländlichen Regionen leisten muss.

4.10 Arbeit und Wirtschaft

Einer der wichtigsten Gründe für die Absiedlung von Menschen aus den ländlichen Gebieten ist das Fehlen geeigneter „attraktiver" Arbeitsplätze, obwohl in ländlichen Räumen rund 60% der Betriebe und ein Großteil der mittelständischen Unternehmen mit vielen Weltmarktführern angesiedelt sind und durch einen überdurchschnittlichen Anteil von Industriebetrieben oftmals zum eigentlichen Standort industrieller Produktion geworden ist (Kaczorowski und Swarat 2018, S.10). Das Problem fehlender Arbeitsplätze ist vielfach ein regionales Phänomen: Bayern weist eine Arbeitslosenquote je nach Region zwischen 1,2% (z.B. im ländlichen Landkreis Eichstätt) und 5,4% (Stadt Hof) aus. In Mecklenburg-Vorpommern sind zwischen 5,4% und 8,4% (Landkreis Greifswald) der erwerbsfähigen Bevölkerung als arbeitssuchend gemeldet, wobei mit 11,7% die Unterbeschäftigtenquote (Arbeitslose plus Menschen in Fördermaßnahmen) noch deutlich höher ist[123].

4.10.1 Förderprogramme

Mithilfe verschiedenster Förderprogramme auf EU-, Bund- und Landesebene bemüht sich die Politik schon länger, kleine und mittlere Unternehmen (KMU) bei der Bewältigung der digitalen Transformation zu unterstützen. Für Deutschland bietet das *Institut für Digitale Transformation* zu den Fördermöglichkeiten einen umfassenden Überblick[124].

Da viele kleinere Unternehmen außerhalb der Ballungsgebiete und auch in ländlichen Regionen angesiedelt sind, leisten diese Digitalisierungs-Förderungen einen Beitrag zur Wettbewerbsfähigkeit und Zukunftssicherheit der Unternehmen und damit auch zur Aufrechterhaltung ländlicher Lebensräume. Weitere Voraussetzung ist hier aber auch die Bereitstellung leistungsfähiger Datennetze (siehe Kapitel 4.1 und 4.2).

---

123 https://statistik.arbeitsagentur.de/Navigation/Statistik/Statistik-nach-Regionen/Politische-Gebietsstruktur-Nav.html, eingesehen am 13.11.18

124 Siehe unter https://transformation-it.de/foerderprogramme-digitalisierungsprojekten-durch-die-bundeslaender/

Ebenfalls diesem Handlungsfeld zurechnen kann man die Gründung und Ausweitung von Universitäten, Hochschulen, Gründerzentren und Forschungseinrichtungen im ländlichen Bereich, wo diese Bildungseinrichtungen die Wirtschaft bei der digitalen Transformation unterstützen. So wurde beispielsweise im Jahr 2016 in der Hochschule Coburg der interdisziplinäre Master-Studiengang „*Zukunftsdesign*"[125] neu etabliert und in die von demographischen Problemen stark geprägte Region Kronach ausgelagert. In Verbindung mit dem ebenfalls mit staatlicher Unterstützung angesiedelten „*Innovationszentrum Kronach (IZK)*"[126] soll die regionale Wirtschaft bei Innovationen und der digitalen Transformation unterstützt werden.

4.10.2 Coworking-Spaces

Ein Konzept, das ausgehend von den USA zunächst in Startup-Ballungszentren wie Berlin und München (oftmals in Industriebrachen) Einzug fand, ist die Idee der Coworking-Spaces. Dieses Konzept, das indirekt auch den Digitalisierungsgedanken fördert, findet vermehrt seinen Weg in den ländlichen Raum.

Oftmals werden ehemals leerstehende Gebäude in den Regionen so eingerichtet, dass sie eine Antwort auf den Wandel unserer heutigen Arbeitswelt bieten können, in der zum Arbeiten immer häufiger nur ein schnelles Internet (siehe Kapitel 4.1), ein Laptop und ein Schreibtisch benötigt wird. Darüber hinaus bieten die Coworking-Spaces eine kreative und kommunikative Arbeitsatmosphäre mit optionalen Besprechungsräumen und stellen den Nutzern zusätzliche Technik wie Kopierer, Drucker, Hochleistungsscanner, Plotter und 3D-Drucker bereit. Die Arbeitsplätze können stunden-, tage- oder monatsweise gemietet werden und stehen sowohl Existenzgründern und Startups, „alteingesessenen Unternehmen" (z.B. für Workshops) und auch Privatpersonen (z.B. Ersatz für den Homeoffice-Arbeitsplatz) zur Verfügung.

Neben der Bereitstellung von Raum und Technik verfolgen Coworking-Places auch den Gedanken der *Bildung einer Community* und der *Förderung der Kollaboration.*

[125] vgl. https://www.hs-coburg.de/studium/master/interdisziplinaer/zukunftsdesign.html

[126] vgl. https://iz-k.de/

4.10.3 CoWorkLand - arbeiten, wo andere Urlaub machen

Seit Sommer 2018 gibt es in Schleswig-Holstein den *CoWorkLand-Space*, der einen mobilen Coworking-Raum auf das Land bringt. Der transportable CoWorkLand-Space ist ein Ensemble aus mehreren mobilen, auf ausgebauten Fracht- und Umzugscontainern basierenden Einzelelementen.

Der CoWorkLand-Arbeitsraum mit Terrasse bietet innen und außen bis zu 12 Arbeitsplätze und kann auf einer Wechselbrücke transportiert werden. Je nach Standort stehen weitere Arbeitsplätze im Außenbereich oder in anliegenden Gebäuden (z.B. Scheune) zur Verfügung.

Als Besprechungsraum am Tag und als Übernachtungsmöglichkeit steht ein weiterer wohnlich ausgebauter Container mit Terrasse bereit, in dem bis zu vier Personen übernachten können. Weitere variable Aufenthalts- und Übernachtungsmöglichkeiten bieten die temporär aufgebauten, modularen Wohnhütten.

Abbildung 25: Mobiler PopUp-Coworking-Space (Außen- und Innenansicht sowie Modellzeichnungen) / Quelle: https://www.boell-sh-digital.de/coworkland/der-coworkland-raum/

Die Initiatoren glauben, dass sich im Zuge des Wandels der Arbeitswelt mehr digitalisierte Arbeitsplätze dorthin verlagern, „wo andere Urlaub machen" - von den Großstädten in die ländlichen Regionen an Seeufer, Strände, alte Dorfkerne und Gutshöfe. Neben attraktiven Standorten bietet man perfekt eingerichtete Arbeitsplätze mit schnellem Internet, eine entspannte Atmosphäre und Foodtrucks für das leibliche Wohl. Im Rahmen von Design-Thinking-Workshops werden mit Vereinen und Unternehmen aus der jeweiligen Region Problemstellungen bearbeitet, dabei Ideen der digitalen Transformation in den ländlichen Raum getragen und die Menschen auf dem Land motiviert, selbst Coworking-Spaces zu gründen[127].

Ein ähnlich wegweisendes, allerdings stationäres Konzept bietet das Startup *Coconat*[128] mit seinem „Workation-Retreat".

4.10.4 Schaltzentrale in Bad Berneck

In der Region Oberfranken wurde in der vom Bevölkerungsschwund stark betroffenen Kleinstadt Bad Berneck (Bevölkerungsrückgang von 4.546 in 2010 auf 4.257 in 2015[129]) im August 2017 in einem leerstehenden Büro-Hochhaus im Rahmen eines öffentlich finanziell geförderter Modellprojektes in Kooperation von vier Kommunen ein Coworking-Space namens *Schalterzentrale*[130] eröffnet, das auch für kulturelle Aktivitäten genutzt werden sollte.

„Binnen kürzester Zeit konnte dieses zukunftweisende Gemeinschaftsprojekt mithilfe des Engagements zahlreicher offizieller und gewerblicher Protagonisten umgesetzt werden." (Drago und Ritzinger 2017, S.74).

Im Abschlussbericht des Modellprojektes *Coworking Space in der ILE Gesundes Fichtelgebirge* werden die Probleme und Herausforderungen aufgezeigt, die in Städten erfolgreichen Coworking-Spaces auf ländliche Regionen zu übertragen (Gollner 2018).

127 vgl. https://www.boell-sh-digital.de/coworkland/das-projekt/, eingesehen am 20.10.2018

128 http://coconat-space.com

129 Quelle: https://www.statistik.bayern.de/statistikkommunal/09472116.pdf, eingesehen am 18.10.2018

130 https://schaltzentrale.bayern/

In einem Gespräch[131] mit der Projektleiterin Sabine Gollner berichtete diese, dass man mit dem bisherigen Verlauf „ganz zufrieden" sei. Eine der Etagen sei „belegt" und die Seminar- und Tagungsräume würden von Kleinunternehmen aus der Region gut genutzt.

Eines der großen Probleme, die wohl viele diese Konzepte der Nutzung von leerstehenden Objekten hätten, seien die Brandschutzvorschriften, die eine erfolgreichere Vermarktung des Objektes und der Coworking-Flächen bisher verhindert haben. Außerdem bemängelt die Projektmanagerin die allgemein vollkommen unzureichende Unterstützung von regionalen Coworking-Projekten durch die öffentliche Hand, weshalb man nun einen „Landesverband Kultur- und Kreativwirtschaft" gründen möchte, um beim Freistaat Bayern besseres Gehör zu finden.

4.10.5 Lagarde1 in Coburg

Wenn es gelingt, Startups im ländlichen Bereich anzusiedeln, dann bewirkt dies die Schaffung von Arbeitsplätzen sowie die Generierung von Steuergeldern und macht durch eine Clusterwirkung der innovativen Gründer die Region auch für andere Unternehmen attraktiv. Und mit ihren meist digitalen Innovationen tragen sie immer wieder zum Erhalt und zur Steigerung der Lebensqualität im ländlichen Raum bei (Nöll 2017, S.33).

In der Stadt Coburg entsteht gerade – zum Teil in einem alten Bahnhofsgebäude (Konversionsfläche) - unter dem Namen *Lagarde1* ein „Digitales Gründerzentrum für Innovation und neue Unternehmen" mit integriertem Coworking-Space. Nach eigenen Angaben ist das Zentrum Anlaufstelle für alle Unternehmen der Region zu Themen der Digitalisierung. Zudem bündelt und koordiniert es sämtliche, für Startups relevante Aktivitäten. Lagarde1 vernetzt alle digitalen Player der Region. Hochschulen, Gründer, Unternehmen und Startups sollen noch enger verzahnt werden, um die Digitalisierung in Oberfranken voranzutreiben. Themenschwerpunkte sind Digitale Geschäftsmodelle, Zukunft Logistik, Industrie 4.0 (effiziente Produktionssysteme), eHealth, Big Data und E-Commerce [132].

---

[131] Telefonat am 15.10.2018

[132] https://lagarde1.de/

4.10.6 Können die Konzepte wie Telearbeit und Coworking-Spaces als Teil der digitalen Transformation die ländlichen Regionen retten?

Die Digitalisierung in Form von Telearbeit im Homeoffice (in Verbindung mit neuen Collaboration-Tools und Workflow-Techniken) und vor allem auch Coworking-Konzepte bieten große Chancen zur Reduktion der Pendlerquote. Letztere tragen durchaus auch zu einer Stärkung des regionalen Handels bei und schaffen vitale Orte der Begegnung als Grundlage für soziales Engagement. Es muss nicht mehr zwischen Stadt und Land entschieden werden. Die Umsetzung dieser Konzepte kombiniert die Vorteile vom Land mit den umliegenden Städten und schafft so die Voraussetzung für eine nachhaltige Entwicklung regionaler Wirtschaftszentren (Hentschel 2016, S.36).

Christian Mainka, Consulter und Projektmanager für digitale Landesentwicklungsprojekte, bringt es in seiner „Vision 2030“ auf den Punkt:

> Die Beseitigung von Entwicklungshemmnissen im ländlichen Raum kann erfolgen durch „eine Transformation des klassischen Dorfgemeinschaftshauses und seines dörflichen Umfeldes durch Weiterentwicklung von kleinräumigen endogenen Faktoren ins 21.Jahrhundert: Ein Co-Working-Haus mit Kita, Schule, Veranstaltungsräumen, Ehrenamtszentrum und Gastronomie mit Sport- und Freizeitangeboten als neues Ortszentrum und Lebensmittelpunkt“ (Mainka 2016, S.72).

Die Schaffung von Beschäftigungsmöglichkeiten und auch die zumindest teilweise Nutzung von „Home Office“-Arbeitsverhältnissen und Telearbeitsplätzen (Stichwort: Arbeit 4.0) ist deshalb ein Schlüssel zur Umkehr der Landflucht (vgl. Drago und Ritzinger 2017, S.71).

Wenn das Konzept für die Ansiedlung eines Coworking-Spaces z.B. in einer Kleinstadt aufgeht, dann kann es einen bedeutenden Anteil leisten, die digitale Transformation in dieser Kommune zu fördern und zu befruchten. Auch bieten sich dort Möglichkeiten, z.B. die *Internet-Nichtnutzer* (siehe Kapitel 4.9) in Schulungen und Workshops an das Internet und andere digitale Dienste heranzuführen.

4.11 Tourismus

Angelehnt an die Welttourismusorganisation (UNWTO 2015, S.19) versteht man unter dem Begriff Tourismus

- alle Aktivitäten von Personen
- mit Aufenthalten an Orten außerhalb ihrer gewohnten Umgebung
- und mit einer Aufenthalts-Zeitdauer von weniger als einem Jahr
- zum Zwecke der Freizeit oder zu Geschäfts- oder bestimmten anderen Zwecken
- ohne dort als Arbeitnehmer beschäftigt zu sein

Je nach Definition dessen, was man unter dem" ländlichen Raum" versteht, kommt man zu dem Ergebnis, dass bis zu 66% aller Übernachtungen und 40% aller Tagesreisen außerhalb von Städten und damit in ländlichen Regionen stattfinden (Rein und Schuler 2012, S.8). Für die touristischen Aktivitäten ist die Qualität von Natur und Landschaft eine zentrale Grundlage. Die Besucher suchen „Natur" und „Ruhe", „Idylle" und „Regionalität" sowie eine „sichtbare Fauna" (ebd., S.9).

> „Immer mehr Menschen wünschen sich Urlaub und Freizeit in ländlicher Umgebung mit Natur. Aktivitäten wie Radfahren, Wandern oder Wassersport sind gefragt, ebenso wie ländliche Kultur, regionale Köstlichkeiten und natürlich auch der gute alte Bauernhof. Egal welche Zielgruppe: Ländliche Räume bieten beste Voraussetzungen für Erholung, Naturerlebnis oder Aktivsein und Gesunderhaltung." (BMWi 2014, S.56)

4.11.1 Mit QR-Tour auf Entdeckungsreise durchs Land

Wie man Natur digital erlebbar machen kann, zeigt das 2016 preisgekrönte digitale Projekt *QR-Tour Bad Berneck&Goldkronach*[133]. Hier versucht man, speziell Kinder und Familien aus der Stadt und aus der Gruppe der touristischen Gäste, mit einer Art *Schnitzeljagd* spielerisch und medial unterstützt, für Landschaften und das dörfliche Umfeld „vor der Haustüre" zu interessieren, zu begeistern und die Region dabei zu erwandern. In Verbindung mit einem multimedialen und interaktiven Reisetagebuch kann man seine Erlebnisse für sich und andere

133 http://www.qr-tour.de/

dokumentieren und die begonnene Erkundung zu jedem beliebigen Zeitpunkt fortsetzen.

4.11.2 Touristische Plattformen präsentieren die Region

Die Regionen außerhalb der Ballungsgebiete besitzen oft einen hohen Erholungs- und Freizeitwert. Die Erschließung der Regionen für in- und ausländische Besucher hat einen positiven Einfluss auf die Wirtschaftskraft, den Arbeitsmarkt sowie die Aufrechterhaltung ländlicher Sehenswürdigkeiten und regionaler Infrastruktur.

Leider sind viele Betriebe der Beherbergungs- und Bewirtungsbranche noch nicht ausreichend auf neue digitale Medien eingestellt. So sind Webseiten - wenn vorhanden - oftmals sehr unprofessionell und die Betriebe sind schlecht oder gar nicht auf wichtigen Plattformen wie Airbnb oder tripadvisor vertreten. Deshalb sind diese Unternehmen häufig auf die Hilfestellung der Tourismuszentralen angewiesen, die eine Region und ihre POI's auf einer umfassenden Plattform darstellen. Ein gutes Beispiel hierfür liefert die *Tourismuszentrale Fichtelgebirge*[134], die neben allen wichtigen touristischen Informationen und einer Suche nach Beherbergungsbetrieben auch Fuß- und Radwanderungen mit downloadbaren Karten und Streckenführungen liefert. Als weiteres Beispiel kann das Portal *Oberes Rodachtal* im Frankenwald[135] angeführt werden.

Ergänzen könnte man die Bereitstellung digitalisierter Informationen auch „vor Ort", also z.B. mit QR-Codes bei Sehenswürdigkeiten oder bei Markierungen von Wander- und Radwegen.

Umgesetzt hat diese Idee im Jahr 2017 das oberfränkische Dörfchen *Oberleiterbach* (270 Einwohner). Dort hat man mit ehrenamtlichen Helfern einen Dorfrundgang mit 28 Stationen[136] aufgebaut, an denen sich jeweils Tafeln mit QR-Codes befinden. Diese können mit Smartphones abgescannt werden und führen zu weiteren Informationen über die Sehenswürdigkeiten und ihrer Geschichte.

Unter Bezugnahme auf die *Touristenregion Frankenwald* machte Hermann Hohenberger, Geschäftsführer des Gründerzentrums Einstein1 in Hof, in einem

---

134 https://www.tz-fichtelgebirge.de/de/

135 http://www.oberes-rodachtal.de/

136 http://oberleiterbach.de/

Interview im Rundfunksender Bayern 2 deutlich, wie eminent wichtig die Weiterentwicklung der digitalen touristischen Inhalte im Netz für ein erfolgreiches Tourismusgeschäft sein wird. Neben der Grundvoraussetzung, dass Beherbergungsbetriebe auch online buchbar sein müssen (was vielfach noch nicht gegeben ist, *Anm.d.Verf.)*, wies er darauf hin, dass die neuen sprachgesteuerten Suchmaschinen wie *Alexa, Siri, Cortana* und *Google Assistent* die „Karten für eine Sichtbarkeit im Netz neu mischen werden". Einer Prognose der Online Solution Group zufolge werden bis ins Jahr 2020 rund 50% der Suchanfragen mittels Voice Search erfolgen (Muller 2018).

Der Internetnutzer stellt eine Sprachanfrage an das System (z.B. „ich suche einen preiswerten Familienurlaub auf dem Land in einer tollen Umgebung") und erhält dann ganz konkret *einen* Vorschlag. Um hier vom Algorithmus auf Platz eins ausgewählt zu werden, sei es notwendig, die Datenqualität und den Content erheblich zu verbessern und auf die neuen Suchalgorithmen anzupassen, was mit hochwertigen Inhalten auf allen sozialen Medien, auf Instagram und in Google Maps zu erreichen wäre. Neben einer klug aufgebauten Plattform für die Tourismusregion Frankenwald, auf der jede touristische Einrichtung prominent vertreten sein muss, sei es aber trotzdem notwendig, dass „jeder Betrieb und jede Sehenswürdigkeit seine eigene hochwertige Entität im Netz habe"[137], die auf die neuen Suchalgorithmen abgestimmt ist.

4.11.3 Mit virtueller Realität das Land entdecken

Mit den neuen Techniken der Virtuellen Realität (VR, virtual reality) lassen sich zukünftig ganz neue Werbeformate auch für ländliche Regionen entwickeln. Der Interessent erhält in Verbindung mit einer VR-Brille einen Einblick in die Schönheiten einer Destination (z.B. Fränkische Schweiz) und kann während der virtuellen Tour gleich ein für ihn passendes Hotel und die Anreise buchen.

Die Virtual Reality im Tourismussektor wird zu einem entscheidenden Faktor für die strategische Planungs- und Entscheidungsfindung der Marktteilnehmer

137 Interview mit Hermann Hohenberger am 08.11.18 in der Radiosendung Bayern2-regionalZeit. Eigene Mitschrift.

und damit auch für den ländlichen Raum von großer Bedeutung werden (Aichner et. al. 2018).

4.11.4 Kronach topplatziert bei Instagram

Wie sich eine optisch attraktive Kleinstadt mit einem gelungenen Stadtmarketing (z.B. *Kronach leuchtet*[138]) ohne eigenes Zutun prominent in den sozialen Medien platzieren und damit Aufmerksamkeit und touristische Anziehungskraft generieren kann, zeigt das oberfränkische Städtchen Kronach. Von allen über 1.000 Kleinstädten in Deutschland nimmt Kronach mit der Anzahl von *Instagram-Hashtags* (also von den Usern hochgeladene Fotos aus der Stadt) im November 2018 mit 28.000 Bildern Rang 11 ein[139].

4.11.5 Können neue digitalisierte Tourismuskonzepte als Teil der digitalen Transformation die ländlichen Regionen retten?

Egal ob Gastgewerbe, Einzelhandel, Dienstleister oder Produzenten regionaler Produkte sowie Handwerksbetriebe - kaum ein Wirtschaftsbereich, der nicht vom Tourismus als klassische Querschnittsbranche profitieren könnte.

Die Tourismusregion Frankenwald/Oberfranken, zu der neben dem Landkreis Kronach noch Teile der Kreise Hof und Kulmbach gehören, weist für 2017 rund 1.100.000 Übernachtungen und fast 6.000.000 Tagesgäste aus, die einen Umsatz von 200 Mio. EUR generieren und einen Beschäftigungseffekt von 4.000 Personen erzeugen (dwif 2018, S.16f).

Jeder zusätzliche Übernachtungsgast bringt der Region einen Umsatz von 103 EUR, jeder neue Tagesgast steht für einen Umsatz von 15 EUR (ebd., S.17), weshalb sich Investitionen von Kommunen und Unternehmen in die tourismusbezogene Infrastruktur, in konkrete Projekte und die touristische Vermarktung definitiv lohnen. In Bezug auf die Digitalisierung ist neben einer ausreichenden Bereitstellung von Mobilfunk- und Internetverbindungen in der gesamten touristischen Region auch eine moderne und digitalisierte Präsentation aller touristischen Betriebe und Einrichtungen zwingend notwendig, ebenso wie die

---

138 Siehe https://www.kronachleuchtet.com/de/

139 Auswertung der Website https://www.travelcircus.de/urlaubsziele/top-100-kleinstadte-deutschlands-2018/, eingesehen am 06.11.18

Möglichkeit der Buchung von Übernachtungen über Buchungsportale oder automatisiert über die Website des Beherbergungsbetriebes.

Ein gutes digitales Konzept verfolgt das vom Frankenwald Tourismus in Kronach betreute Portal https://www.frankenwald-tourismus.de, das einen wichtigen Beitrag leistet, die Region bei den Menschen attraktiv zu präsentieren, die sich online informieren oder auch online buchen möchten. Nachstehende Statistik zeigt die immer wichtigere Bedeutung des Internets für den Tourismus - eine Trendfortschreibung für 2019 lässt eine Quote von 50% Online-Buchungen bei Urlaubsreisen erwarten.

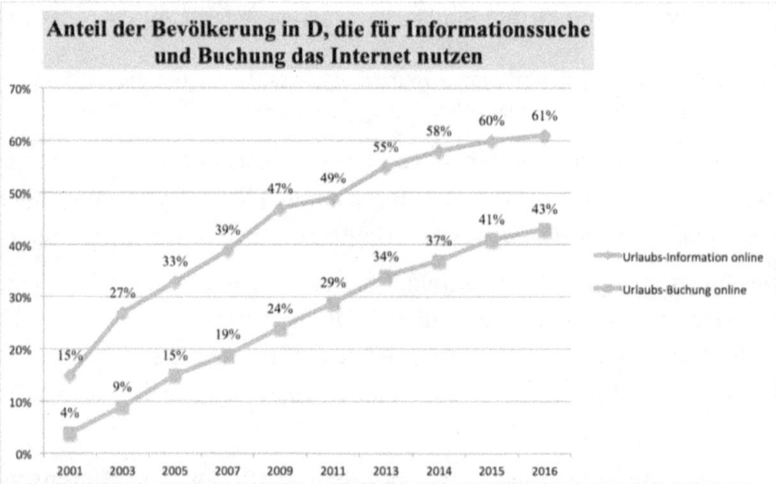

Tabelle 13: Anteil der Internetbucher bei Urlaubsreisen in Deutschland
Quelle: eigene Abbildung, Daten von FUR-Verband Internet Reisevertrieb, Abruf am 04.11.18 unter https://de.statista.com/statistik/daten/studie/4924/umfrage/internet-zur-information-und-buchung-von-reisen/

Die Digitalisierung der touristischen Inhalte einer ländlichen Region und ihre aktive Vermarktung auf allen Online-Kanälen kann also definitiv dazu beitragen, die Country Side zu stärken - auch im Wettbewerb mit anderen Regionen, die um Touristen werben.

4.12 Landwirtschaft

Der Bereich der Landwirtschaft bietet schon heute eine Vielzahl innovativer Lösungen, um mithilfe der Digitalisierung Prozesse effizienter und dadurch wettbewerbsfähiger und Produktionen ressourcenschonender und damit nachhaltiger zu gestalten. Und wenn von *„Smart Rural Areas"* gesprochen wird, dann meint das im engeren Sinne Regionen mit anteilig landwirtschaftlich genutzten Flächen, die in Deutschland traditionell überwiegend noch von kleinbäuerlichen Strukturen unter Einsatz moderner und digital gestützter Techniken bewirtschaftet werden.

4.12.1 Stadtbewohner bewirtschaften Feldparzellen mit einem Mausklick von zuhause

Eine ganz neue Geschäftsidee entwickelte das Berliner Unternehmen IPGarten[140]. Das Konzept beinhaltet auf der einen Seite für den Stadtbewohner die Möglichkeit, eine Parzelle von 16qm Ackerboden zu pachten, diese nach eigenen Wünschen mit einem Mausklick *mit Pflanzgut zu bepflanzen*, die Fläche nach Belieben (oder automatisiert) zu wässern und zu düngen und die Ernte von seinem eigenen Feld in der Erntezeit von Juni bis Oktober mit insgesamt rund *20 Gemüsekisten* (einmal wöchentlich) nach Hause geliefert zu bekommen. Auf der anderen Seite steht der Landwirt, der die Fläche(n) „analog" bewirtschaftet und die Pacht erhält.

Jede Parzelle ist mit einer Webcam und einer „Vitalsensorik" ausgestattet, sodass der „Gärtner" von zuhause aus sein Feld jederzeit im Blick hat. Über die in der Pacht enthaltenen Grundleistungen des betreuenden Bauern hinaus kann er noch kostenpflichtige Zusatzleistungen beauftragen z.B. „Kartoffelkäfer händisch und damit pestizitfrei absammeln" was pro qm und Arbeitseinsatz mit 90 Cent in Rechnung gestellt wird.

Ein toller Ansatz, der auch die Gamification-Idee aufgreift und in dem Businessmodell integriert hat.

140 https://ipgarten.de/

Abbildung 26: Der Online-Gemüsegarten
Quelle: https://ipgarten.de/ entnommen am 17.10.2018

4.12.2 Digitaler B2B-Marktplatz für regionale Produkte

Ein interessantes und vom Bundesministerium Ernährung und Landwirtschaft sowie der EU unterstütztes Projekt ist die im Jahr 2017 gestartete Regionalvermarktungsinitiative *„Die Meck Schweizer"* in Mecklenburg-Vorpommern[141], die neben einer Unterstützung der Landwirtschaft auch Elemente der E-Mobilität, der Nahversorgung und der E-Commerce-Economy enthält.

Die neu geschaffene Handelsplattform vernetzt die Anbieter regional erzeugter Produkte mit den gewerblichen Abnehmern der Region (z.B. Bäckereien, Metzgereien, Hotels und Restaurants sowie Lebensmittelgeschäften). Die Logistik wird mit einer eigens entwickelten Applikation gesteuert und der Warentransport erfolgt streckenoptimiert mit elektrisch betriebenen Fahrzeugen. Auch die Abrechnungen erfolgen automatisiert.

141 http://meck-schweizer.org

4.12.3 Marktschwärmer - ein Wochenmarkt in jeder Region

Auch diese digitalisierte Lösung unterstützt die regionalen Erzeuger und verhilft gleichzeitig der Bevölkerung zu erntefrischen und biologisch erzeugten Produkten.

Die Idee der *„Marktschwärmer"* kommt aus Frankreich, wo das Konzept schon sehr erfolgreich ist. Es bedarf dazu eines „Veranstalters", der eine bestimmte Fläche einmal wöchentlich zur Verfügung stellt, um einen regionalen Markt abzuhalten. Über die Internet-Plattform https://marktschwaermer.de werden dann regionale Erzeuger und „Lebensmittel-Handwerker" gesucht, die Interesse haben, als Beschicker auf dem Markt teilzunehmen. Anders als bei einem „normalen" Wochenmarkt stellt der Erzeuger vorher seine Produkte in den Online-Shop ein, die Kundschaft bestellt online und holt dann am Markttag die Ware in der *„Schwärmerei"* (z.B. ein Gemeindesaal oder ein Vereinshaus) ab. Der Kunde hat den Vorteil, dass er das bekommt, was er sich wünscht und der Erzeuger profitiert davon, dass seine Ware schon vorverkauft ist und keine überschüssige Ware anfällt. Die Marktzeiten sind auf zwei Stunden beschränkt, z.B. jeden Freitag von 17 bis 19 Uhr, die Ware wird vorher angeliefert und durch den Veranstalter der Schwärmerei (der 10% Umsatzbeteiligung erhält) an die Besteller verteilt.

4.12.4 Digital smart Farming

Auch der Ackerbau und die Viehzucht können von der Digitalisierung massiv profitieren: sei es die präzisere Steuerung des Düngereinsatzes, sei es Bodenbearbeitung durch selbstfahrende Landwirtschaftsmaschinen oder die Futtersteuerung in der Tierzucht.

Einen umfassenden Einblick über die Digitalisierungsstrategie des Bundeslandwirtschaftsministeriums gibt deren Informationsbroschüre *Digitalpolitik Landwirtschaft* (BMEL 2017b).

Durch GPS-Steuerung, verbunden mit geeigneten Computerprogrammen, können für Traktoren und selbstfahrende Erntefahrzeuge der Fahrweg optimiert und Energie gespart werden. Wetter-Apps, Drohnen und andere Datenmanagementsysteme helfen, Boden- und Ernteverfahren zu optimieren. Cloudlösungen, beispielsweise für die Grund- und Stickstoff-Düngung, ermöglichen, Pflanzen besser und effizienter zu versorgen. Komplexe Prozessabläufe, wie beispielsweise die Silomais- oder Zuckerrübenernte, können in Echtzeit überwacht und gemeinschaftlich organisiert werden. Futterroboter, Messeinrichtungen zur Milchinhaltsstoffbestimmung oder Klimaführungssysteme leisten einen wesentlichen Beitrag zum Tierwohl und für den Umweltschutz.

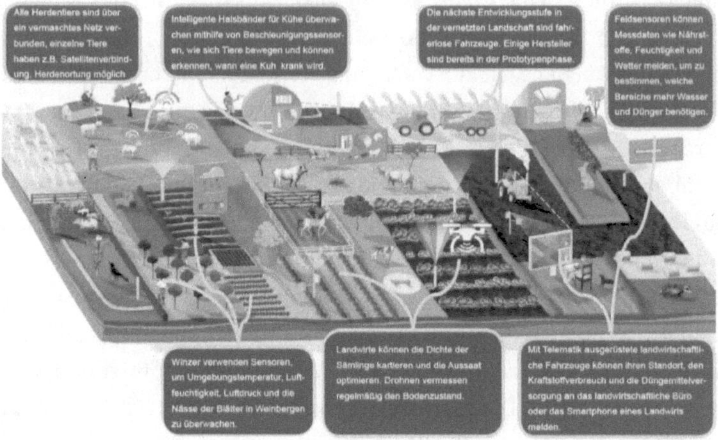

Abbildung 27: Verschiedene Facetten des Digital Farming
Quelle: eigene Darstellung, angelehnt an https://www.gemalto.com/brochures-site/download-site/ Documents/ cor-review-2015-issue2.pdf, S.12f

Außerdem dienen sie der Arbeitserleichterung. Durch neue Entwicklungen in der Sensortechnik kann das Tierverhalten ermittelt und bewertet werden.[142] Technologien wie IoT, M2M und Blockchain werden in der Landwirtschaft umfassend Einzug halten.

4.12.5 Schrittzähler für Kühe – wie Digitalisierung in den Ställen Tierwohl verbessert

Im Rahmen eines vom BMEL geförderten Projektes untersucht das Institut für Tierwissenschaft an der Universität Köln seit 2016, wie sich das Wohlbefinden von Kühen mit Sensoren (Herzfrequenz- und Bewegungsmessung sowie Steh- und Liegeverhalten) definieren und in der Folge steigern lässt.

142 Website des BMEL, eingesehen am 04.11.18 unter https://www.bmel.de/DE/Landwirtschaft/ _Texte/Digitalisierung-Landwirtschaft.htm

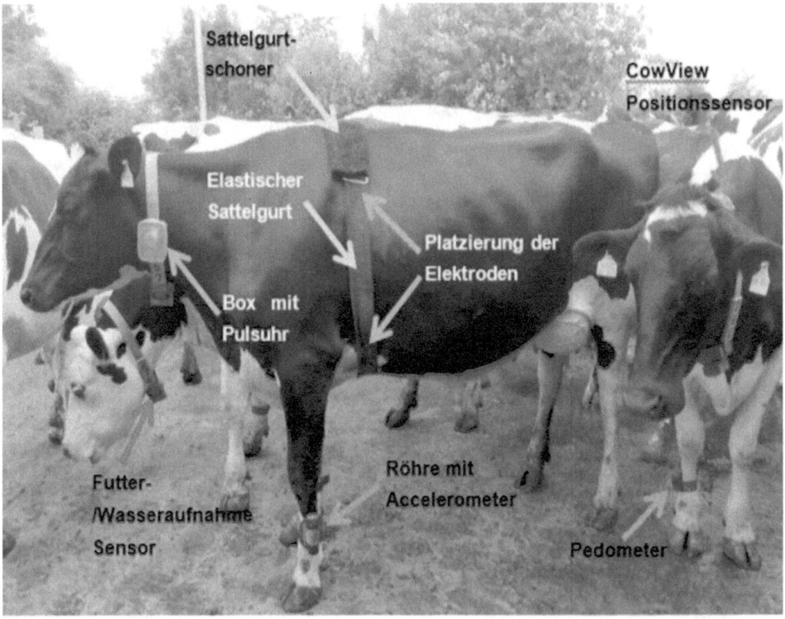

Abbildung 28: Digitalisierung der Kühe / Quelle: Protokoll der Sitzung des Fakultätsrates Landwirtschaft an der Uni Bonn am 25.01.2017, download unter https://www.lwf.uni-bonn.de am 06.11.18

Ein Telefonat mit der zuständigen Institutsleiterin[143] brachte die Information, dass die Erkenntnisse aus dem empirischen Forschungsprojekt in die Entwicklung einer Software zur Stallplanung (Cowsoft) einfließen sollen. So ergaben die Untersuchungen beispielsweise, dass menschliche Annahmen darüber, was Tiere gerne mögen, sehr selten zutreffen. Entgegen bisheriger Lehrmeinung war es z.B. den Kühen egal, wenn ihr (per GPS erfasster) Weg zum Futter verändert wird. Man hatte erwartet, dass die Rinder Stresssymptome zeigen, aber sie fanden den neuen Weg eher „interessant".

Das Projekt hat bisher gezeigt, dass der prüfende Blick des Landwirtes im Stall in vielen Fällen bei der Erfassung von Auffälligkeiten weniger genau ist als die Sensoren. Elektronische Schrittzähler zeigen z.B. die paarungsbereite Zeit einer Kuh mittlerweile in der Regel deutlich besser an als die Beobachtung des Landwirtes, da die Tiere in der Brunst mehr laufen als sonst. Leider liegt der

143 Telefonat mit Frau Dr.agr. Ute Müller am 06.11.18

Projektbericht aus Bonn derzeit noch nicht vor, da sich Probleme bei der Datenaufbereitung ergaben.

Eine im Markt bereits eingeführte Lösung zur Kuhüberwachung bietet die israelische Firma SCR[144] an.

4.12.6 Digitalisierung in der Feldbewirtschaftung

Es wird vor allem die Sensortechnik sein, die zukünftig zu einer effizienten und ressourcenschonenden Landwirtschaft beiträgt. Stickstoffsensoren am GPS-gesteuerten Traktor erfassen über Lichtwellen die Blattfärbung und geben über den Bordcomputer in Echtzeit eine Düngeempfehlung, die über den Düngerstreuer individuell und punktuell ausgeführt wird. Dabei können vor Ausbringung auch die aktuellen Gülleinhaltsstoffe analysiert und berücksichtigt werden. Zusätzlich werden über Bodenkarten die rastergenauen Bodenqualitäten mit einbezogen. Die ausgebrachten Düngermengen werden geo-referenziert erfasst und bei zukünftigen Feldbearbeitungen berücksichtigt. (DBV 2015, S.92)

Ein großes Forschungsprojekt[145] über die Möglichkeiten des *Smart Farming* läuft derzeit an der Technischen Hochschule in Aachen (RWTH) und endet nach drei Jahren im Februar 2019. Dort entwickelt man im Auftrag des BMEL gemeinsam mit Industriepartnern die technologische Basis zur hersteller- und organisationsübergreifenden intelligenten Vernetzung von maschinen- und prozessgesteuerten Informationen aus unterschiedlichen Quellen (Maschinen, Sensoren, Wetterdaten usw.), um damit in Echtzeit Services wie Einstellungsoptimierung an Maschinen, optimale Dünge- und Erntestrategien und eine Automatisierung der Prozesse anbieten zu können (iit 2018b, S.48ff).

Der *Digitalverband bitkom* hat gemeinsam mit dem Deutschen Bauernverband im November 2016 eine repräsentative Befragung unter 521 Landwirten und Lohnunternehmern zum Themenkomplex *Digitalisierung in der Landwirtschaft* veröffentlicht (bitkom 2016). Als größte Herausforderungen gaben die Agrarexperten niedrige landwirtschaftliche Erzeugerpreise (92%), ausländische Wettbewerber (76%) und schwache Auslandsnachfrage (67%) sowie Mangel an qualifizierten Arbeitskräften (40%) an. Aber auch die Digitalisierung selbst

---

144 http://www.de.scrdairy.com/

145 https://smart-farming-welt.de/

(52%) und die Kosten der Digitalisierung (39%) wurden als große Herausforderungen bezeichnet.

Als Vorteile der Digitalisierung für den Verbraucher wurden die Themen *Transparenz* (Zurückverfolgbarkeit der Produkte, Einblick in Ställe und Produktion per Webcam) und *Kundenkommunikation* (Produzent gibt Produktempfehlungen an Verbraucher, die wiederum Feedback über Erzeugnisse geben können) genannt.

Die Politik, so die Landwirte, ist vor allem bei Breitbandausbau, Open Data (Geodaten), Drohnenregulierung, Datensicherheit und Datenhoheit gefragt.

Digitale Technik wird bereits eingesetzt oder ist kurzfristig geplant mit computergesteuerten Hightech-Landmaschinen (45%), Fütterungsautomaten (57%) sowie Robotik (10%) und Drohnen (8%).

Bis zum Jahr 2030 rechnen rund 50% der Befragten damit, dass Farm-Managementsysteme, fahrerlose Landmaschinen sowie autonome Feldroboter und Drohnen zum Standard gehören werden.

Abbildung 29. GPS-gesteuerte Düngemaschine dosiert Feldpartitionen individuell / Quelle: https://www.claas.de

Die Digitalisierung kommt nach Einschätzung der Farmer dem Menschen durch Ressourceneffizienz, den Tieren und der Umwelt durch umweltschonende Produktion, den Kunden durch bessere Qualität und den landwirtschaftlichen Betrieben durch geringere Kosten zugute. Auf die Frage, ob die Digitalisierung für die Landwirtschaft Chance oder Risiko ist, antworten zwei Drittel mit „Chance“ (13% „Risiko“, 19% „kein Einfluss“).

Für den *Oberfranken Manfred Nüssel*, Ehrenpräsident des Deutschen Raiffeisenverbandes, steht fest, dass „zur Lösung der absehbaren Probleme mit Welternährung und Umweltschutz die Digitalisierung in der Landwirtschaft noch vor der Biotechnologie das akut einzige wirklich erfolgversprechende Werkzeug ist" (Nüssel 2018, S.344).

Einer der wichtigsten Voraussetzungen, die Möglichkeiten der Digitalisierung im Digital Farming zukünftig zu nutzen, ist die flächendeckende Verfügbarkeit der 5G-Mobilfunknetze (siehe Kapitel 4.2)

4.12.7 Kann eine digitalisierte Landwirtschaft als Teil der digitalen Transformation die ländlichen Regionen retten?

Landwirtschaftliche Produktionsbetriebe sind historisch das Herz des ländlichen Raumes. Eine leistungsfähige und nachhaltige Landwirtschaft sichert die Versorgung aller Bevölkerungskreise in Stadt und Land mit hochwertigen Lebensmitteln. Außerdem pflegen und erhalten die Landwirte mit der Bewirtschaftung von Feldern und Wäldern den Naturraum auf dem Land.

Nur mit modernsten Methoden der landwirtschaftlichen Produktion unter Einsatz von Computerisierung, Digitalisierung, Vernetzung und vorausschauender intelligenter Steuerung wird es zukünftig möglich sein, landwirtschaftliche Betriebe auch bei Betriebsübernahmen durch bäuerlichen Nachwuchs wirtschaftlich und gleichzeitig nachhaltig betreiben zu können.

Dabei ist, so der Deutsche Bauernverband, „die digitale und mit relativ hohem Kapitaleinsatz verbundene High Tech-Landwirtschaft nicht nur etwas für größere Betriebe. Über Maschinenringe und Lohnunternehmen sind grundsätzlich *alle Betriebe* in der Lage, den Nutzen aus der neuen Technikentwicklung zu ziehen." (DBV 2015, S.91)

Insofern ist die Digitale Transformation in der Landwirtschaft ein wichtiger Beitrag zum Erhalt des ländlichen Raumes, seiner Wirtschaftskraft und der Lebensfähigkeit der dort lebenden Bevölkerung.

4.13 Grüne Energie, Smart Energy Grids und weitere Energiethemen

Um die ambitionierten Ziele zur CO2-Neutralität der Bundesrepublik (Deutscher Bundestag 2018) bis zum Jahr 2050 zu erreichen, ist neben umfangreicher Energieeinsparungsmaßnahmen ein erheblicher Ausbau der regenerativen Energieerzeugung notwendig.

Hier kommt der ländlichen Region zukünftig eine zentrale Rolle zu, die auch wirtschaftlich bedeutend ist. Ob Photovoltaik, Solarthermie, Windkraft, Wasserkraft, Geothermie oder Biogasanlagen - alle diese Energiequellen lassen sich auf dem Land in viel größerem Umfang erschließen als in Ballungsgebieten.

Dieser auf dem Land erzeugte Strom kann sich zu einem Standortvorteil für die ländlichen Regionen entwickeln, wenn es gelingt, diesen Strom auch günstig und ohne lange Stromtrassen-Autobahnen den regionalen Verbrauchern zur Verfügung zu stellen.

Hier kommen nun die neuen Ansätze des digitales Strommanagements mithilfe der Smart Energy Grids zum Tragen.

4.13.1 Smart Energy Grids

Das Energieunternehmen *innogy*[146] betreibt derzeit ein Forschungsprojekt „Smart Country", um die immer größere Zahl *dezentraler Ökostrom-Erzeugungsanlagen* mit den bestehenden Verteilernetzen in Einklang zu bringen. Um die Spannungsqualität vor allem auf dem Land einhalten zu können, muss die Problematik der Aufnahme überschüssiger Energie aus schwankenden erneuerbaren Quellen gelöst werden. Einen wesentlichen Baustein des Smart Country für die landesweite Energieversorgung können dabei neue innovative *Biogasspeicher* (Power to Gas) bereitstellen, die Strom bis zu 12 Stunden lang speichern können (innogy 2018).

4.13.2 Solarpotentialkataster im Landkreis Bayreuth

Seit dem Sommer 2018 bietet der Landkreis Bayreuth ein digitales Solarpotentialkataster[147], um die Ausstattung von Dächern mit Solaranlagen zur Strom- und Wärmegewinnung in der Region zu fördern. Es handelt sich um ein Online-

146 https://iam.innogy.com

147 https://www.solare-stadt.de/region-bayreuth/

Tool, mit dem ermittelt werden kann, ob das eigene Gebäudedach für die Nutzung von Sonnenenergie geeignet ist und was eine individuell für das konkrete Hausdach geplante Anlage kosten würde. Zusätzlich werden Hinweise zur Planung und zum Bau einer Solaranlage sowie wertvolle Links auf weiterführende Seiten gegeben.

Grundlage für die Solarpotenzialanalyse sind Laserscannerdaten, die aus einer Überfliegung des gesamten Landkreises stammen. Aus diesen Informationen wird ein vereinfachtes Modell aller Häuser und der umgebenden Objekte (z.B.Bäume) erstellt. Im nächsten Schritt werden die Dachflächen automatisch erkannt, Einstrahlung und Verschattung werden berechnet und stark verschattete Bereiche als nicht geeignet identifiziert. Für die übrigen Dachflächen wird die Einstrahlung für den Verlauf eines ganzen Jahres bestimmt und eine Wirtschaftlichkeitsberechnung generiert.

4.13.3 Energieeinsparung - Straßenlaternen ausschalten

Zur Energieeinsparung ist der ländliche Raum gleichermaßen wegen der angestrebten CO2-Neutralität als auch wegen der Notwendigkeit der Kosteneinsparung verpflichtet. Einen kleinen Beitrag kann hierzu eine von einem Startup-Unternehmer neu entwickelte App[148] in Verbindung mit der Digitalisierung der dörflichen Straßenbeleuchtung leisten. Anstatt die Gehwege die ganze Nacht zu beleuchtet, haben die 650 Bürger der Gemeinde Löwenstedt in Schleswig-Holstein ab sofort die Möglichkeit, nachts und bei Bedarf die *Beleuchtung per Handy* für 12 Minuten anzuschalten.

4.13.4 Kann eine digitalisierte Energiewirtschaft als Teil der digitalen Transformation die ländlichen Regionen retten?

Unbestritten ist die Energiewirtschaft mit dem ständig steigenden Anteil alternativer und „grüner" Energien gerade für den ländlichen Raum, wo sie meist produziert werden, von wirtschaftlich immer größerer Bedeutung und auch energiepolitisch von höchster Wichtigkeit. Und da die Digitalisierung des Energiesektors nicht nur sinnvoll, sondern zur Steigerung der Effizienz und zur sicheren Energieversorgung auch unumgänglich ist, kommt hier der digitalen Transformation für die Smart Country Side eine Schlüsselfunktion zu und kann

148 https://knoop.sh/

einen wichtigen Anteil bei der „Rettung" der ländlichen Regionen leisten und positive Perspektiven liefern.

Am Rande einer Informationsveranstaltung am 16.November 2018, bei der der amtierende Wirtschaftsminister Altmeier die umstrittenen Pläne der Bundesregierung zum Ausbau einer neuen 380 KV-Nord-Süd-Stromtrasse vor dem *Landratsamt in Coburg* gegenüber der protestierenden Bevölkerung verteidigte, bemerkte ein Vertreter des Bundes Naturschutz:

„Dezentral, regional und lokal geht die Energiewende einfacher, preiswerter und umweltfreundlicher."[149]

[149] Zitat entnommen aus einem Pressebericht im Nordbayerischen Kurier Bayreuth am 17.11.18: Geballter Protest gegen Stromleitungen, S.8

4.14 Kunst und Kultur

In der Region des nordbayerischen Fichtelgebirges hat sich die Initiative *Künstlerkolonie Fichtelgebirge e.V. (KüKo)* gebildet, die das reiche kulturelle Erbe der Region mit über 40 Museen und Galerien, Opernhäuser und Freilichtbühnen ebenso fördern will wie die ortsansässigen Künstler. Die Kulturschaffenden haben sich auf einer Website versammelt, wo alle relevanten Themen und Termine präsentiert werden. Nach Einschätzung der Verantwortlichen hat die Vernetzung der Stakeholder rund um die Kultur nicht zur die kulturelle Szene beflügelt, sondern auch eine Verknüpfung zu Gastronomie und Handel herbeigeführt, einen innovativen Umgang mit Leerständen aufgezeigt, durch die Bürgerbeteiligung identitätsstiftend gewirkt, den Tourismus stimuliert und die Regionalentwicklung gefördert (Gollner und Uckley 2018, S.98)

4.14.1 Können kulturelle Plattformen als Teil der digitalen Transformation die ländlichen Regionen retten?

Ein reiches Kulturleben und auch vielfältige Angebote zur Teilnahme an Kunst und Kultur sind neben Nahversorgungsmöglichkeiten, einer verbesserter Mobilität, Bildungs- und Betreuungsangeboten, ärztlicher Versorgung sowie Freizeitangeboten für die Attraktivität des ländlichen Raums und seiner Gemeinden insbesondere als Wohnstandort von großer Bedeutung. Und ein lebendiges und attraktives kulturelles Umfeld sind für Unternehmen in ländlichen Regionen bei der Gewinnung neuer Mitarbeiter ebenfalls relevant (BMEL 2017c, S.1).

Wenn die neuen Formen der Aggregation kultureller Aktivitäten auf geeigneten digitalen Plattformen und die digitale Unterstützung von Künstlern bei der Vermarktung ihrer Arbeiten dabei einen Beitrag leisten können, dann trägt die digitale Transformation auch dieses Sektors ebenfalls dazu bei, die Attraktivität der Country Side „smart" zu erhöhen und damit die Lebensqualität auf dem Land zu verbessern.

4.15 Spezielle Plattformen zur Bürgerkommunikation

Persönliche Begegnungen, gemeinsame Projekte, geteilte Erlebnisse, gegenseitige Unterstützung und Ehrenämter bereichern das Zusammenleben und zeichnen die spezielle Gemeinschaft auf dem Land aus. Und auch hier gibt es vielfältige Ansätze, mithilfe digitaler Plattformen die Bürger zu vernetzen.

4.15.1 Fernuniversität Hagen entwickelt Senioren-App 55+

Gerade im Alter wollen die meisten Menschen in ihrer gewohnten Umgebung bleiben. Dabei fallen den Senioren auf dem Land persönliche Begegnungen und der Austausch untereinander immer schwerer. Eingeschränkte Mobilität einerseits und der Wegfall von Begegnungsstätten wie den „Tante-Emma-Laden" oder die Dorfkirche, die keinen Priester oder Pfarrer mehr hat[150] andererseits, verhindern die Kommunikation untereinander. Die bei Jüngeren verwendeten Plattformen wie facebook kommen für diese Zielgruppe eher nicht infrage.

Deshalb unterstützt das BMEL mit 200.000 EUR (!) ein Projekt der Fernuni Hagen zur Entwicklung einer mobilen Applikation *meinDorf 55+,* die derzeit in der Region „Nassauer Land" im Probebetrieb[151] läuft und auf die Bedürfnisse der Anwender angepasst wird.

Wenn Hilfs- und Versorgungsangebote fehlen, die sozialen Kontakte immer weniger werden und der Weg zum nächsten Supermarkt zu weit wird, fällt vielen Menschen das Leben in ihrem Heimatort immer schwerer. Mit der App *meinDorf 55+* möchte man gerade älteren Menschen das Leben auf dem Land angenehmen machen und sie vernetzen. Mithilfe der App können sich Senioren mit ähnlichen Interessen zu gemeinsamen Unternehmungen verabreden oder neue Projekte starten. Darüber hinaus möchte die App praktische Hilfen im Alltag vermitteln – von der Unterstützung beim Einkauf, über einfache Reparaturen im Haushalt bis zur gegenseitigen Hilfe im Garten –man findet, so das Ziel der Initiatoren, jederzeit unkompliziert eine helfende Hand. Die App soll aufzeigen,

[150] so plant die Evangelische Kirche in Deutschland (EKD) eine Reduzierung der Pfarrstellen von 21.000 (2006) auf nur noch 13.000 (2030). Entnommen beim Pfarrverband am 23.11.18 unter http://www.pfarrerverband.de/ pfarrerblatt/archiv.php?a=show&id=3620

[151] https://meindorf55plus.de/

wie mithilfe digitaler Technik nachbarschaftlicher Zusammenhalt und ehrenamtliches Engagement im Dorf gestärkt werden kann.

Allerdings ist auch hier kritisch anzumerken, dass ohne die Einbindung lokaler Institution eine solche digitale Plattform nicht erfolgreich sein kann! Es fällt auf, dass auf der Internetseite der App darauf hingewiesen wird, dass das *Evangelische Dekanat Nassauer Land* der Initiator und ideelle Träger des Projektes sei, allerdings findet man auf dessen Projektseite[152] (wo alle Aktivitäten seit dem Jahre 2005 mit bald 50.000 Teilnehmern aufgeführt sind!) keinen einzigen Hinweis auf die neue App oder auf die immer noch spärlich gefüllte Website von *meinDorf 55+* ...

4.15.2 Können Bürgerplattformen als Teil der digitalen Transformation die ländlichen Regionen retten?

Wenn in einer ländlichen Region keine gute Basis funktionierender Vereine, sozialer Organisationen, ehrenamtlichen Engagements und ganz allgemein ein dörfliches „Zusammengehörigkeitsgefühl“ besteht, dann kann eine digitale Plattform zur Bürgerkommunikation an einem solchen Defizit erst einmal nichts ändern. Ohne „Content“ ist die schönste Plattform von Anfang an zum Scheitern verurteilt. Außerdem bedarf es einer Pflege und Organisation einer solchen Plattform, die sich aber nicht dauerhaft „ehrenamtlich“ betreiben lässt, sondern auch einer personellen Ausstattung bedarf.

Wenn aber eine noch positive „Kultur“ und ein Gemeinschaftsgefühl in der Region herrscht oder wieder „analog“ erzeugt wird (wozu auch die Lokalpolitik einen wichtigen Beitrag leisten kann und muss), dann können diese Plattformen zukünftig durchaus einen bedeutsamen Beitrag leisten, das Leben auf dem Lande positiv zu beeinflussen – gerade auch für die erhofften Neubürger!

Entscheidend wird hier das von der Politik unterstützte Engagement der Bürger sein. Es gilt immer noch – auch für Deutschland - der Appell, den John F.Kennedy bei seiner Amtseinführung 1961 an das amerikanische Volk richtete:
„Ask not what your country can do for you; ask what you can do for your country“[153]

---

[152] https://i55plusminus.de/

[153] Entnommen bei https://www.theguardian.com/theguardian/2007/apr/22/greatspeeches

5 Chancen und Hindernisse des Transformationsprozesses

Der Nationale IT-Gipfel beklagt, dass die digitale Transformation noch zu sehr durch mangelnde Koordination, Eigeninteressen und Zaudern behindert sei und das unzureichende Zusammenwirken von Politik, Wissenschaft und Wirtschaft auf allen föderalen Ebenen die Umsetzung bremse (Nationaler IT-Gipfel 2017, S.4).

Wenn es um die Partizipation der Bürger bei der Gestaltung der digitalen Transformation geht, stellt sich nicht die Frage, ob überhaupt Beteiligung notwendig sei. Es wurde aufgezeigt, dass dies essentiell notwendig ist. Berücksichtigt werden muss dabei vielmehr der Grad der Beteiligung. Dieser verläuft in vier Stufen beginnend mit der reinen Information über die Beratung und den Dialog bis hin zur echten Partnerschaft (Beinrott 2015, S.27). Wichtig für den Erfolg dieser Maßnahmen ist das Schaffen von Vertrauen, das nur über die Einbindung, die Gewährleistung von Transparenz und auch das Aufzeigen potentiell negativer Folgen erreicht werden kann und dabei den Nutzen für den Bürger in den Mittelpunkt der Strategie rückt (ebd. S.87) – auch wenn dieser Weg der Entscheidungsfindung für die Verantwortlichen oftmals sehr mühsam und frustrierend sein kann und die Entscheidungsprozesse häufig in die Länge zieht.

Die vielfältigen Ressourcen und die wertvollen Potentiale des ländlichen Raumes hebt das Bundesministerium für Ernährung und Landwirtschaft hervor:

> „In ländlichen Regionen haben Vereinsleben, Brauchtum und Gemeinschaftsgefühl eine besondere Tradition. Besonders positiv bewerten die Menschen dort ihr Wohneigentum und die attraktive Landschaft. Lebensqualität, Freizeitaktivitäten, Naturerleben – der Tourismus boomt, Millionen Menschen finden Erholung und Ausgleich auf dem Land. Deutschlands ländliche Regionen bieten eine Fülle an Natur- und Kulturlandschaften." (BMEL 2016a, S.5)

5.1 Chancen der Digitalen Transformation für ländliche Räume

Bundesministerin Julia Klöckner, die im Ministerium für Ernährung und Landwirtschaft eine Reihe von Digitalisierungsprojekten für ländliche Räume initiiert und finanziert und gleichzeitig Sprecherin der Kommission der Bundesregierung für gleichwertige Lebensverhältnisse ist, glaubt an die Chancen der Digitalisierung, wenn sie bei der Smart City Convention in Berlin verkündet: *„Die ländlichen Räume können zu den Kraftzentren in Deutschland werden"*[154].

In dem im Oktober 2018 vom BMVI herausgegebenen Orientierungshilfe für die *Kommune 4.0* zur Einführung digitaler Technologien unterstreicht das Ministerium, dass die Kommunen als unterste Gebietskörperschaftsebene „im Rahmen ihrer Aufgabenerfüllung an erster Stelle bei der Umsetzung digitaler Projekte" stehen (BMVI 2018c, S.3).

Die Auseinandersetzung mit den unterschiedlichen Blickwinkeln der digitalen Transformation in Städten/Cities und ländlichen Regionen/villages/country areas hat die Erkenntnis gebracht, dass es nicht sinnvoll erscheint, für die Herausforderungen in „benachteiligten" Regionen einfach in den Werkzeugkasten „für Cities" und „für Countries" zu greifen. **Vielmehr sollte man das sich bietende Instrumentarium in Abhängigkeit von den jeweiligen Problemstellungen, die in den jeweiligen Regionen und Kommunen oft ganz unterschiedlich sind, einsetzen.**

Häufig wird Digitalisierung in Städten und Gemeinden nicht als eigenständiger Sachbereich mit größtmöglicher Bedeutung verstanden. Parallel und unabhängig voneinander entwickelte und vorangetriebene Digital-Konzepte einzelner Silos in Kommunen werden nicht zusammengeführt und verzahnt und kommen so früher oder später zum Erliegen (Kaczorowski und Swarat 2018, S.21), spätestens wenn die jeweiligen Fördertöpfe abgeschöpft sind. Dieser Entwicklung gilt es, entgegenzuwirken, wenn die Erfolgschancen der Digitalisierungsprozesse erhöht und gesichert werden sollen.

Das Institut für Innovation und Technik stellt in einer Auftragsstudie für das Bundesumweltamt fest:

[154] Impulsvortrag am 21.11.2018, eigene Aufzeichnung

> „Eine Smart Region ist im Idealfall die Summe aus sich ergänzenden Einzelbausteinen, die sich zu einem Gesamtgebilde mit vielen Synergieeffekten zur Absicherung der regionalen Daseinsvorsorge und der Erhaltung der Lebensqualität zusammenfügt und gleichzeitig zum Umwelt- und Ressourcenschutz beiträgt." (iit 2017, S.257)

Für die Digitale Gemeinde gibt es also viele unterschiedliche Handlungsfelder. Vor diesem Hintergrund muss eindringlich davor gewarnt werden, die Digitalisierung der ländlichen Kommunen ohne eine strukturierte und priorisierte Mehrjahresplanung anzugehen. Da die Umsetzung vollflächiger digitaler Angebote mit diversen konzeptionellen, technologischen und ressourcenbezogenen Herausforderungen einher geht, ist der Planungshorizont auf fünf oder mehr Jahre anzusetzen (Höhn 2018, S.9).

5.1.1 Digitales Grünbuch der Stadt Arnsberg

Ein gelungenes Beispiel für eine langfristige digitale Strategie kann man in der Mittelstadt *Arnsberg* (73.000 Einwohner) im Sauerland finden. In einem Grünbuch mit dem Titel *#ARNSBERGdigital als smarte Stadt gemeinsam gestalten* hat man eine „akteursorientierte digitale Agenda 2015-2020" aufgelegt (Arnsberg 2015), in der acht konkrete Handlungsfelder mit Rahmenbedingungen, Stati, Ziele und Maßnahmen beschrieben und festgelegt sind. Als übergeordnetes Ziele bezeichnet die Stadt zum einen, die Leistungen für die Bürger, für Vereine, Unternehmen und öffentliche Einrichtungen schneller, komfortabler und nachhaltiger zu gestalten, zum anderen die Herausforderungen der Stadtentwicklung durch den demografischen Wandel, die Aufnahme von Migrantenfamilien, die Anforderungen der Nachhaltigkeit und den durch die Globalisierung verstärkten Standortwettbewerb mit neuen Formen technischer und sozialer Vernetzung positiv zu gestalten (ebd., S.10).

Mit ihrem Grünbuch will die Stadt den Weg zu einer digitalen und „smarten" Stadt konzeptionell systematisieren und beschreiben, wie aus der Digitalisierung städtischer Leistungen ein konkreter Nutzen für die Bürger und deren Engagement sowie für die heimische Wirtschaft und die Entwicklung der Stadt insgesamt entsteht (ebd., S,11).

Ein anderes Beispiel, die Digitalisierungsansätze einer Stadt auf ein strategisches Fundament zu stellen, findet sich im Landkreis Cham, der Anfang Oktober

2018 sein „Leitbild für die Digitalisierung“[155] mit Analysen, Leitsätzen, Zielen und konkreten Maßnahmen veröffentlicht hat.

Wenn es gelingt, den digitalen Wandel offensiv zu gestalten und in seinen positiven Facetten nutzbar zu machen, dann kann dies dazu beitragen, durch neue Bildungsformen und Beschäftigungsmöglichkeiten soziale Ungleichheiten zu beseitigen, Zugänge zu Gesundheits- und Pflegeleistungen zu ermöglichen und mehr Bürgerbeteiligung zu schaffen (Bertelsmann 2017, S.11) – und das für alle Bürger, aber besonders für die Menschen in den benachteiligten ländlichen Regionen.

Und speziell bei den Problemen der Daseinsvorsorge und der Grundversorgung, bei denen bislang notwendige Infrastrukturen meist nur durch eine ausreichend große Masse an Kunden und Nutzern wirtschaftlich zu realisieren waren, können durch die vielen neuen und zum Teil hier aufgezeigten digitalisierten Geschäftsmodelle, angepasst an den tatsächlichen Bedarf in ländlichen Regionen, kosteneffiziente Infrastrukturen für Dinge und Dienste des alltäglichen Lebens aufrechterhalten bzw. aufgebaut werden (Kaczorowski und Swarat 2018, S.20).

155 Download unter https://www.landkreis-cham.de/wirtschaft-arbeit/, zuletzt eingesehen am 22.11.18

5.2 Hindernisse auf dem Weg zum Digitalen Dorf

Im Rahmen von diversen Forschungs- und Pilotprojekten wurden aktuell eine ganze Reihe interessanter Insellösungen umgesetzt. Das Angebot und deren Nutzung können aber erst dann Perspektiven einer Wirtschaftlichkeit entwickeln, wenn diese eine größere Zielgruppe erreichen. Notwendig sind deshalb gemeindeübergreifende Konzepte und deren Umsetzung (Williger und Wojtech 2018a, S.9).

Leider findet eine Ausbreitung vieler Pilotprojekte aber nicht statt, es fehlt die skalierende Umsetzung in der Fläche. „Und wehe, eine Sache erweist sich in einem Pilotprojekt als Erfolg! Dann wird dies gefeiert - und das Projekt begraben. Bis es bei einer anderen Förderrunde an anderer Stelle in anderem Gewand wieder aufersteht." (Schwertel 2017, S.28)

Bundesweit lassen sich tatsächlich eine große Anzahl von Projekten finden, die sich mit Digitalisierungslösungen im ländlichen Raum beschäftigen. Häufig fällt auf, dass es immer wieder die bekannten großen Forschungsinstitute sind, die weitreichende Erfahrung darin haben, wo in Bundesländern, im Bund und in Europa gerade Fördergelder bereitstehen, die man für ein Projekt im Bereich *Smart Country Side* „anzapfen" kann. Im Rahmen der Recherchen zu dieser Arbeit fanden sich viele Projekte wie z.B. die vom Fraunhofer Institut (gemeinsam mit der Entwicklungsagentur Rheinland-Pfalz e.V.) entwickelten und vom Land Rheinland-Pfalz mit 180.000 EUR geförderten Konzepte zur ländlichen Nahversorgung, die unter den Titeln „BestellBar" und „LieferBar" vom Juli 2015 bis zum Januar 2017 im Rahmen des Gesamtprojektes „Digitale Dörfer"[156] gemeinsam mit lokalen Stakeholdern entwickelt, umgesetzt und in einem umfangreichen Abschlussbericht[157] dokumentiert wurden. Die Idee, mithilfe von Plattformen lokale Händler, Bürger in abgelegenen Regionen und ehrenamtliche Auslieferer (belohnt mit der virtuellen Währung „DigiTaler") zusammen zu führen, wurde in den zwei Testgemeinden Betzdorf und Eisenberg aber nicht weitergeführt, obwohl sie nach Aussage des Abschlussberichtes positiv aufgenommen wurde.

---

156 https://www.digitale-doerfer.de

157 Download unter https://www.digitale-doerfer.de/downloads/, eingesehen am 24.10.18

Im Rahmen eines persönlichen Interviews mit dem Projektverantwortlichen Steffen Hess vom Fraunhofer-Institut IESE gab dieser eine Einschätzung der Hürden bei diesem und anderen Projekten ab[158]:

- Es standen oder stehen keine ausreichenden finanziellen Ressourcen zur Verfügung.
- Es gibt keine langfristige digitale Strategie, in der das Projekt eingebunden sein sollte.
- Es fehlt an Bereitschaft und Fähigkeit in den Kommunen, personelle Kapazitäten zur Durchsetzung bereitzustellen.
- Es sind keine oder zu wenig lokale Treiber und Kollaborateure involviert.

Ein weiteres Beispiel ergab sich bei Nachforschungen über das in der Literatur häufiger zitierte Projekt *Digitale Bildungslandschaft Malchin*, welches die organisatorische und didaktische Kombination von analogem und digitalem Lernen in einer virtuellen Bildungslandschaft zum Ziel hatte und in einem geförderten Projekt von 2017-2020 entwickelt werden soll[159]. Beim Anruf in der Gemeinde Malchin als Kooperationspartner des Projektes antwortete der erste Gesprächspartner, er wisse gar nichts darüber und leitete an das Bauamt (!) weiter - „vielleicht wissen die was". Danach leitete man an die Personalabteilung über, schließlich an den Amtsleiter - keiner hatte je von dem Projekt gehört bzw. konnte sich erinnern!

Auch Lobek kommt in seiner aktuellen Studie, in der er durch Befragung wichtiger lokaler Akteure und Experten einen Überblick über die Chancen und Risiken der Digitalisierung für den ländlichen Raum als Ort zum Arbeiten und Leben geben wollte, zu einem ernüchternden Ergebnis. Zwar herrscht bei den Befragten weitgehendes Einverständnis zum Potenzial, das die Digitalisierung gerade für ländliche Regionen bietet, mit sich bringt. Aber alle befragten Experten betonten unisono, dass, je näher man von der Diskussion über Digitalisierungskonzepte zu der Realisierung und Praxis kommt, es kaum realisierte Beispiele gibt, die über ein Pilotstadium hinauskommen, geschweige denn ein

---

[158] Persönliche Aufzeichnung im Rahmen des Kongresses „Smart Country Convention 2018" vom 20.-22. November in Berlin

[159] http://kmgne.de/wir-machen/projekte-liste/digitale-bildungslandschaft-in-malchin/

Erfahrungsschatz erfolgreicher anderer Projekte vorläge, von denen man selbst oder andere profitieren könnten (Lobek 2017, S.9).

Für nahezu jede Idee zur Digitalisierung von Städten und Regionen gibt es ein dazu passendes Pilotprojet. Im Rahmen eines Workshops anlässlich einer Konferenz des DIV-Digitalgipfels in Berlin[160] am 25.09.2018 brachte es der Strategieberater und Smart Regions-Experte Willi Kaczorowski auf den Punkt: „Was den Erfolg der digitalen Transformation aktuell verhindert? Es fehlt eine Gesamtkonzeption! Wir sind das Land der 1.000 Einzelprojekte." [161]

Häufig sind dieses Vorhaben durch Forschungsinstitutionen getriebene „Drittmittelprojekte", die zwar wissenschaftlich konzipiert und begleitet werden, aber am Ende nicht mit einem funktionierenden Geschäfts- und Betreibermodell unterlegt sind und dann schnell verpuffen (Kaczorowski und Swarat 2018, S.81).

5.2.1 Vereinfachtes Reifegradmodell

Oftmals scheitert die Entwicklung, Umsetzung und nachhaltige Einführung eines Digitalisierungsprojektes auch daran, dass die Städte und Regionen als Auftraggeber und beteiligter Gestalter sich im Vorfeld keine Klarheit darüber verschafft haben, ob die Projektinhalte zu den jeweiligen- langfristigen – Strategien und Zielen passen und ob die Projektideen bereits einen entsprechenden Reifegrad besitzen.

Da die derzeit bekannten Modelle und Metriken eine hohe *Komplexität* besitzen und damit den Steuerungsaufwand unangemessen erhöhen würden, hat der *Digitalgipfel* (Digitalgipfel 2017a, S.7f) vorgeschlagen, bei der Bewertung von Projektideen ein vereinfachtes, dreistufiges Modell zu nutzen, das sich am Technologie-Reifeprüfungsmodell der *EU Horizion 2020 Initiative* anlehnt (Technological Readiness Level – TRL).

Bei der *ersten Stufe* gibt es lediglich ein erstes Konzept oder ein erster einfacher Prototyp. Vor einer möglichen Integration bzw. vor der Testphase müssten zunächst *erhebliche weitere Entwicklungen* an dem Produkt bzw. an der Dienstleistung erfolgen

[160] https://div-konferenz.de/events/barcamp2018/

[161] Eigene Aufzeichnung des Verfassers während der Teilnahme an dem Kongress

Hat die digitale Projektidee mindestens eine Beta-Reife erreicht und befindet sich in einer Testphase im Einsatz, spricht man von der *zweiten Stufe*. Das Konzept ist jedoch noch nicht im Realbetrieb bzw. im kommerziellen Einsatz. Es ist *weiterer Aufwand* hinsichtlich Integration zu erwarten.

In der dritten Stufe ist das Konzept bereits im operativen, kommerziellen Einsatz oder mindestens in einem Kernanwendungsbereich *nah an einem operativen Einsatz*. Es sind geringe Integrationsaufwände zu erwarten.

5.2.2 Unterschiedliche Motivationen der Treiber einer Digitalen Agenda

Hinter den Treibern digitaler Transformation stehen unterschiedliche Ziele und Interessen, die einer erfolgreichen und nachhaltigen Umsetzung der Digitalisierungsstrategie oft im Wege stehen. Koczorowski und Swarat sehen drei Gruppen, deren differierende Ansätze die Entwicklung eines systematischen ganzheitlichen Ziel- und Strategiebildes – bewusst oder unbegründet – im Wege stehen (ebd. 2018, S.38):

- die *„Ökologen/Energiewender"*, denen es vor allem um Initiativen für klimaneutrale Mobilität und CO2-neutrale Lebensräume geht.
- die *„Systemverbesserer"*, die vor allem eine intelligente Vernetzung und effiziente Steuerung der kommunalen Infrastruktur erreichen wollen.
- und schließlich die *„Demokratieförderer"*, die ganz besonders für mehr Transparenz und Partizipation in politischen Entscheidungsprozessen eintreten.

5.2.3 Digitale Transformation erfordern Integrierte Ländliche Entwicklungskonzepte

Für die Durchsetzung erfolgreicher Digitalisierungsstrategien kommt erschwerend hinzu, dass in Deutschland auch die lokalen Verwaltungen „zersiedelt" und vielfach kleinteilig sind. So sind von den 11.059 Gemeinden in Deutschland (darunter versteht man alle Gebietskörperschaften, in denen ein städtisches Rathaus oder ein Gemeindeamt steht) *4.031 Gemeinden mit weniger als 1.000 Einwohnern* ausgestattet, davon 877 mit weniger als 200 Bürgern! Weitere 5.449

Gemeinden haben lediglich 1.001 bis 9.999 registrierte Bewohner (Stand 2016)[162]. Somit sind rund 85% aller Gemeinden klein oder sehr klein!

Ein richtiger und notwendiger Schritt im Sinne von Hafner und Miosga, diesem Umstand Rechnung zu tragen, ist die Bildung von *interkommunalen Arbeitsgemeinschaften*, um gemeinsame Integrierte Ländlichen Entwicklungskonzepte (ILEK's) zu erarbeiten und umzusetzen, in denen man auch die Chancen diverser Digitalisierungskonzepte nutzen kann. Beispielhaft haben sich einige Kommunen im *Landkreis Coburg* im Oktober 2018 zu einer solchen Arbeitsgemeinschaft zusammengeschlossen:

> „Um Planungen der einzelnen Beteiligten und das Tätigwerden von Einrichtungen aufeinander abzustimmen und die gemeinsame wirtschaftliche und zweckgemäße Erfüllung der Aufgaben in einem größeren nachbarschaftlichen Gebiet sicher zu stellen, bilden künftig die Gemeinde Ebersdorf bei Coburg, die Gemeinde Sonnefeld und die Gemeinde Weidhausen bei Coburg eine Arbeitsgemeinschaft nach Art. 5 und 6 des Gesetzes über die kommunale Zusammenarbeit (...). Das Allianzgebiet entspricht dem Gebiet der beteiligten Gemeinden. Eine Erweiterung der Allianz um benachbarte Gemeinden ist möglich und wird noch abgeklärt."[163]

„In Regionen bilden sich spezifische systemische Interdependenzen heraus, die die Problemlösungskompetenzen im Umgang mit neuen Herausforderungen beeinflussen und damit befördern oder auch bremsen können." (Hafner und Miosga 2014)

Die Bertelsmann-Stiftung hat zusammen mit der Prognos AG im Vorfeld der 2018er-Verleihung des Reinhard Mohn Preis[164] mit dem Titel *Smart Country – Vernetzt. Intelligent.Digital.* eine europaweite Recherche gelungener Digitalisierungsstrategien angestellt und dabei als Quintessenz die Erfolgsfaktoren einer

---

162 Quelle: Statistisches Bundesamt, entnommen am 03.12.18 unter https://de.statista.com/statistik/daten/ studie/1254/umfrage/anzahl-der-gemeinden-in-deutschland-nach-gemeindegroessenklassen/

163 Pressemitteilung der Gemeinde Ebersdorf vom 30.10.18, eingesehen unter https://www.ebersdorf.de

164 Der Preis ging an den ehemaligen estnischen Staatspräsidenten Toomas Hendrik Ilves als Vordenker der Digitalisierung in Regierung, Verwaltung und Bildung

erfolgreichen Umsetzung herausgearbeitet. Folgende vier zentrale Treiber der digitalen Transformation wurden identifiziert:

1. Ein fokussierter Wille aller Verantwortlichen, den digitalen Wandel aktiv zu beschreiten und dabei offen für notwendige Veränderungen – auch unangenehmer Art – zu sein.
2. Das Setzen von innovativen Rahmenbedingungen mit einer zentralen staatlichen Gesamtstrategie, die die Entwicklungsrichtung von Staat und Gesellschaft vorgibt.
3. Die Motivation zur Partizipation der Bürger auf dem Weg zu einer mehr und mehr digital orientierten Welt, bei der das Vertrauen in digitale Technologien die Oberhand über Angst und Verunsicherung gewinnt und die Bevölkerung sowie das Individuum von der Politik verlässlich geführt, aber auch beschützt wird.
4. Die Bereitstellung zentraler Rahmenbedingungen (mit entsprechenden finanziellen Ressourcen, Anm.d.Verf.) und ordnungspolitisch gesteuertem Infrastrukturausbau wie beispielsweise flächendeckende ausreichende Internetversorgung (vgl. Kapitel 4.1) oder die in Estland perfekt eingeführte e-Identity[165].

Diese Ziele lassen sich, so die Studie, nur gemeinsam von Staat, Wirtschaft und Zivilgesellschaft erreichen. Zentrale staatliche Standards bilden dabei die Grundlage und die Voraussetzung, dass sich daraus ableitend dezentrale/regionale und innovative Lösungen entwickeln und umsetzen lassen. (Bertelsmann 2017, S.8)

Eine Digitale Region, so die Einschätzung der Smart Country Region-Experten Kaczorowski und Swarat, unterliegt der Annahme, dass die Nachteile ländlicher Regionen durch den Einsatz umfassend vernetzter Informations- und Kommunikationstechnologien und der Entwicklung digitaler Lösungen zumindest teilweise kompensiert werden können.

> „Die Schaffung einer smarten ländlichen Region ist ein politisch-strategisches Innovationsprogramm, das Politik, Unternehmen, Bürgerschaft und Zivilgesellschaft gleichermaßen fordert. Es ist viel mehr als ein Digitalprojekt. Eine

165 https://e-estonia.com/solutions/e-identity/id-card/

> Digitale Region ist eine gesamtgesellschaftliche Aufgabe, die einen Mentalitätswandel beinhaltet, der alle Akteure der Stadtgesellschaft fordert und miteinbezieht" (Kaczorowski und Swarat 2018, S.24).

Für Saskia Sassen, Soziologieprofessorin an der Columbia University und an der London Business School, kann eine Digitalisierung unserer Lebensräume aber nur dann erfolgreich vonstatten gehen, wenn die neuen technischen Systeme strikt am Nutzen der einzelnen Bürger ausgerichtet sind: „But I think the biggest challenge is more conceptual: it is the need to design a system that puts all that technology truly at the service of the inhabitants, and not the other way around: the inhabitants as incidental users".[166]

Es würde sich anbieten, in einer zukünftigen Forschungsfrage die Gründe zu analysieren, warum viele der guten Projektideen zwar meist bis zum Ende durchkonzipiert und auch evaluiert sind, dann aber nicht oder nicht erfolgreich in der Praxis umgesetzt werden.

---

166 Website der London School of Ecomomics – LSE Cities, eingesehen am 12.11.18 unter https://lsecities.net/ media/objects/articles/urbanising-technology/en-gb/

5.3 Die Digitalisierung ist kein Allheilmittel

Im Jahr 2012 wurde der Landkreis Coburg aus einer Vielzahl von Bewerbern ausgewählt, um an einem vom Bundesministerium für Verkehr, Bau und Stadtentwicklung unterstützten *Projekt MORO*[167] (**MO**dellvorhaben für **R**aum**O**rdnung) zur regionalen Daseinsvorsorge teilzunehmen. Unter der Leitung vom damaligen Landrat Busch arbeiteten 17 Bürgermeister des Landkreises und deren Mitarbeiter sowie Vertreter aus verschiedenen Institutionen in zwölf Arbeitskreisen mit rund 150 Teilnehmern bis Mitte 2013 daran, die wichtigsten Problemfelder bis zum Jahr 2020 zu definieren und entsprechende Handlungsempfehlungen zu geben (Landkreis Coburg 2013). Die Arbeit mündete in der Definition der größten Problembereiche Mobilität, Nahversorgung, Schulen und Bildung, Senioren, Brand- und Katastrophenschutz, Siedlungs- und Flächenmanagement, Gesundheit und ärztliche Versorgung sowie Energieversorgung. Für diese Problembereiche wurden *über 50 konkrete Handlungsempfehlungen* erarbeitet, in einem Katalog zusammengefasst und im Dezember 2013 auch vom Kreistag komplett zur Umsetzung beschlossen.

In den Handlungsempfehlungen findet sich KEIN Vorschlag, mit der Digitalen Transformation ein individuelles Problem zu lösen. Es zeigt sich, dass die Herausforderungen im ländlichen Bereich so vielschichtig sind, dass die Digitalisierung immer nur in Verbindung mit einer Vielzahl anderer Maßnahmen zur Lösung eines bestimmten Problems beitragen kann.

5.3.1 Österreich schreitet mit dem Masterplan ländliche Regionen voran

Auch in unserem Nachbarland Österreich bestehenden ähnliche Probleme eines zunehmenden Ungleichgewichtes in der Entwicklung von urbanen und ländlichen Regionen. Dort hat man, initiiert vom *Bundesministerium für ein lebenswertes Österreich* im Zeitraum von November 2016 bis Juni 2017 einen beispielhaften *Masterplan Ländlicher Raum* für die gesamte Alpenrepublik entwickelt. In einem umfassenden Ideen-Entwicklungsprozess wurden zunächst Interviews mit 25 relevanten Stakeholder-Organisationen durchgeführt. Auf Basis dieser ersten Sondierungen folgten über die Republik verteilt acht Workshops mit

[167] http://www.regionale-daseinsvorsorge.de/modellregionen/landkreis-coburg/

insgesamt 250 Experten und 3.000 Bürgern im Format von World-Cafés[168], bei denen 2.000 Ideen und konkrete Konzepte entwickelt wurden, die zu fünf Kategorien mit 20 Schwerpunktthemen in einem Masterplan auf 100 Seiten zusammengefasst wurden (BMLFUW 2017). Eine Reihe der vorgeschlagenen Aktivitäten sind auch mit *digitalen Transformationsprozessen* unterlegt, dienen aber nur als Mittel zum Zweck. Die Maßnahmen sollen die Landflucht stoppen, die Chancengerechtigkeit auf dem Lande erhöhen und die Lebensbedingungen systematisch verbessern. Der Masterplan dient „als programmatische Spitze einer Bewegung [...], die den ländlichen Raum in ganz Österreich nach vorne bringt" (ebd., S.2).

5.3.2 Gleichwertige Lebensverhältnisse mithilfe der Digitalisierung?

Für den Freistaat Bayern stellt Miosga (2017b, S.9-15) fest, dass es die bisherigen Anstrengungen der Politik bei einer übermäßigen Betonung des „freien Spiels der Kräfte" nicht vermocht haben, das ökonomische und demografische Nord-Süd-Gefälle sowie die angespannte finanzielle Situation der nordbayerischen Gemeinden auch nur ansatzweise auszugleichen und eine großräumig ausgewogene Grundordnung herzustellen. Er sieht ganz deutlich die Ordnungspolitik in der Pflicht und fordert für die Sicherung des sozialen Zusammenhaltes und zur Schaffung räumlicher Perspektiven mit einer nachhaltigen Entwicklung wieder eine verstärkte Übernahme der Verantwortung und Gestaltung durch den Staat mit einem handlungsfesten und wirksamen Landesentwicklungsprogrammes (LEP).

Der Präsident des Münchener Institutes für Wirtschaftsforschung (Ifo) kritisiert das in seinen Augen unkoordinierte Vorgehen der Bundesregierung bei ihrer Wirtschafts- und Digitalisierungspolitik: „Die Digitalisierung ist immens wichtig, aber die Bundesregierung hat praktisch keine Strategie und einzelne Maßnahmen sind nicht aufeinander abgestimmt. Einfach nur Glasfaser ausrollen wird nicht reichen."[169]

---

[168] Zu dem Grundkonzept von „World Café Workshops siehe http://www.theworldcafe.com

[169] Zitat entnommen aus der Welt am Sonntag vom 18.11.2018, S.1: Minister Altmaier will Steuern für Unternehmen senken.

Bezugnehmend auf die auch im ländlichen Bereich sich ausbreitenden Nachbarschaftsportale als Kommunikationsplattform für die Bürger untereinander kommt eine aktuelle Feldforschung zu dem Ergebnis, dass ja große Bevölkerungsgruppen nach wie vor mit den digitalen Medien nicht erreicht werden können , weshalb dort auch weiterhin zusätzlich „analog" und persönlich kommuniziert werden muss. Es zeigt sich, dass digitale Plattformen zwar ein wichtiger Impulsgeber sein können, die Entstehung von nachhaltigem Austausch und sozialen Bindungen aber primär im analogen Raum geschieht. Und ohne eine intensive Pflege und Moderation solcher Plattformen durch einige wenige engagierte Moderatoren, die ständig Impulse geben und redaktionelle Beiträge leisten, sind solche Plattformprojekte mangels ausreichendem Einsatz der Bürgerschaft meist zum Scheitern verurteilt (vgl. Becker et al. 2018, S.90) und leisten keinen besonderen Beitrag zur Herstellung gleichwertiger Lebensverhältnisse.

Dass die Prozesse der digitalen Transformation von den „betroffenen" Bürgern ein hohes Maß von *Akzeptanz und Partizipation* erfordern würden, um sie erfolgreich - gerade im ländlichen Raum - auf den Weg zu bringen, macht auch eine aktuelle Studie der Bertelsmann-Stiftung zu neuen Mobilitätskonzepten (Heß und Polst 2015) deutlich. Es zeigt sich, so die Studie, dass viele Menschen daran gerne gewohnt sind, dass der Staat gänzlich für ihre Daseinsvorsorge aufkommt und dass jede Form der aktiven Partizipation als Belastung angesehen wird. Und auch diejenigen, die gerne an Bestehendem festhalten und Veränderungen kritisch sehen, beurteilen neue Konzepte negativ und gewichten mögliche Nachteile und Risiken höher als die mit dem Konzept verbundenen Vorteile und Chancen. Das Dilemma:

- Wie kann man Akzeptanz schaffen, bevor man mit der Projektumsetzung beginnt?
- Wie lange brauchen Maßnahmen, bis sie (positive) Wirkung zeigen und Zweifler überzeugen?
- Kann man Maßnahmen und Gesetze zur Förderung neuer Technologien und Konzepten beschließen, ohne große Teile der Bevölkerung hinter sich zu wissen?

Diese Fragen, so die Autoren der Studie, müssten bald diskutiert und nach Möglichkeit beantwortet werden (ebd., S.51f).

In Bayern hat sich das neu eingerichtete *Heimatministerium* zum Ziel gesetzt, gleichwertige Lebensverhältnisse in ganz Bayern zu schaffen und mit zu entwickelnden IT-Strategien Bayern digital zu erschließen[170]. Das ist vom Grundsatz sicher ein guter Ansatz im Sinne einer von oben nach unten gelenkten digitalen Transformation, wobei man aber nicht außer Acht lassen darf, dass Heimat eng verbunden ist mit den Menschen, die in ihrem Dorf oder ihrer Kommune leben und in Vereinen, Nachbarschaften und Freundeskreisen immer noch das Rückgrat eines funktionierenden „Mikrokosmos Land" bilden. Ein Ministerium kann für den ländlichen Raum bedarfsgerechte Richtlinien und digitale Förderprojekte auf den Weg bringen - aber keine Heimat schaffen, was nach Einschätzung des Verfassers der eigentliche Nährboden zur Entwicklung von Strategien ist, für ausgewogene Lebensverhältnisse in ländlichen Regionen zu sorgen und sich von städtischen Ballungsgebieten zu emanzipieren.

Die in der Arbeit aufgezeigten Konzepte, die mit der Digitalen Transformation einen wesentlichen Beitrag zur Schaffung gleichwertiger Lebensverhältnisse in allen Lebensräumen schaffen wollen, sind für sich genommen nicht geeignet, dies zu erreichen. Zwar können einzelne, lokal oder regional entwickelte Digitalisierungskonzepte als „Blaupause" mit Modellcharakter dienen, aber ohne eine Anwendung dieser Insellösungen in einem landesplanerischen Gesamtkonzept bleiben sie nur Stückwerk.

5.3.3 Mit Smart City und künstlicher Intelligenz zum totalen Überwachungsstaat?

In welche Richtung sich die smarten Technologien und ihre Anwendungen entwickeln könnten, kann man derzeit in China beobachten. Dort wird gerade für jeden Bürger und jede Firma in Stadt und Land (!) ein standardisiertes „Social Scoring/Citizen Scoring" eingeführt, wo regelwidriges oder sozial verwerfliches Verhalten mit „Punkteabzug" sanktioniert und von der Regierung gewünschtes Verhalten mit „Bonuspunkten" belohnt wird. Ein schlechter Social-Scoring-Wert ist mit ganz erheblichen Nachteilen verbunden, die der Person und auch seiner Familie oder seinem Unternehmen massiv in den Entwicklungsmöglichkeiten

[170] Siehe Infoflyer Stand 11/2016, eingesehen am 10.11.18: https://www.stmflh.bayern.de/ueber_uns/heimatministerium/flyer_heimatministerium.pdf

beschneiden - bis hin zum Jobverlust oder zur Kreditkündigung (Meissner 2017).

Bald 600 Millionen Kameras im ganzen Land überwachen fast jeden Schritt jeden Bürgers und erstellen Bewegungsprofile. Bei einem Vergehen - z.B. die Ampel zu Fuß bei Rot zu überqueren - wird dem Delinquenten automatisch sein Scoringwert gekürzt. Bei „negativem" Lebenswandel (z.B. Konsum pornografischer Webseiten) gibt es Punkteabzug. Und: es wird auch Schnittstellen zu Privatfirmen geben, wo deren Daten ausgelesen werden und in die personenbezogene Bewertung einfließen (z.B. soziale Medien wie Weechat). Die Software, die das Datenmeer ausliest und interpretiert, basiert auf künstlicher Intelligenz (KI).

> „When running short of resources, a supercomputer using artificial intelligence technology would be employed to decide who would get how much of what resource, given previous behaviors, merits, and usefulness for society. Such citizen scores are already used in China to determine the payment conditions of loans, the kinds of jobs one may get, and the travel visa to other countries. The citizen score depends not only on consumption patterns, but also on the political attitude (as documented by the Internet links clicked) and by the behavior of family and friends." (Helbing 2018, S.137)

Cathy O'Neil, die sich von einer Hedgefonds-Managerin und promovierten Mathematikerin (Harvard University) zur *Occupy-Aktivistin* gewandelt hat, warnt in ihrem 2016 erschienen und viel beachtetem Buch *Weapons of math destruction: How big data increases inequality and threatens democracy* eindrücklich davor, welche Gefahren von unkontrollierten Algorithmen und mithin künstlicher Intelligenz für unsere Gesellschaft ausgehen. Sie zeigt auf, wie Algorithmen im Verborgenen wirken können und dabei mit „Fake News" die Menschen manipulieren und wie „mathematische Modelle" – oftmals fehlerhaft – über Kreditwürdigkeiten oder Jobchancen entscheiden und Menschen aussortieren. Deshalb fordert sie die aufgeklärte Gesellschaft auf: *„We must come together to police the WMD's* (WMD = Weapons of Math Distruction; Deutscher Buchtitel: „Angriff der Algorithmen", Anm.d.Verf.) *to tame and disarm them*" (O'Neil 2016, S.218).

Den Befürchtungen von O'Neil gegenüber steht die Forderung der Deutschen Wirtschaft, eine bessere Bereitstellung der verschiedensten Daten sicherzustellen. Auf dem Digitalgipfel der Bundesregierung am 03. und 04.12.2018, bei dem es dezidiert um die Chancen der Künstlichen Intelligenz (KI) in Deutschland ging und wie wir die bestehenden gravierenden Wettbewerbsdefizite in diesem Bereich vor allem gegenüber China und USA aufholen können, appellierte der bitkom-Präsident Achim Berg an das anwesende Bundeskabinett:

„K.I. ohne Daten ist wie ein Schwimmbad ohne Wasser. [...] Wenn wir das datenpolitische Korsett immer enger schnüren (z.B. durch die Datenschutzgrundverordnung DSGVO oder die neue EU-Privacy-Verordnung, Anm.d.Verf.), kann künstliche Intelligenz nicht atmen."[171] Gleichzeitig sprach sich Berg aber auch für den Datenschutz und die kontrollierte Verwendung der Daten aus.

Stephen Hawking, einer der brillantesten und weitsichtigsten Wissenschaftler unserer Zeit, hat sich in dem kurz nach seinem Tod erschienenen Buch *Kurze Antworten auf kurze Fragen* (Hawking 2018) Gedanken zur Entwicklung der künstlichen Intelligenz gemacht, die man durchaus auch als „Krönung" der Digitalen Transformation bezeichnen könnte. Er warnt vor der Gefahr, dass sich die KI über den Menschen erheben könnte und prognostiziert, dass eine zu erwartende Intelligenzexplosion der künstlichen Intelligenz die der Menschen in viel höherem Maße übertreffen könnte wie die menschliche Intelligenz die der Schnecken[172].

> „Warum machen wir uns wegen der künstlichen Intelligenz so große Sorgen? Der Mensch wird doch jederzeit dazu in der Lage sein, den Stecker zu ziehen! Die Menschen fragten einen Computer: ‚Gibt es einen Gott?' Und der Computer sagte:
> ‚JA, AB JETZT' - UND BRANNTE MIT DEM STECKER DURCH.[173]

[171] Keynote des bitkom-Präsidenten am 04.12.2018 beim Digitalgipfel in Nürnberg, eigene Aufzeichnung

[172] übernommen aus einem Vorabdruck in der Welt am Sonntag, erschienen am 14.10.2018, S.13-16

[173] ebd., S.14

5.4 Perspektiven für die Zukunft

Wie bereits festgestellt, ist die Digitalisierung als anzuwendendes Instrument kein „Allheilmittel", um speziell den ländlichen Raum und seine Existenz zu erhalten. Die gegenwärtigen Herausforderungen der Rural Areas sind sicher teilweise spezifisch, letztlich sind sie aber eingebettet in die generellen Herausforderungen unserer Gesellschaft in den nächsten Dekaden. Dies wird deutlich, wenn man sich die Schlüsseltrends bis zum Jahr 2040 betrachtet, die das Referat für Stadtplanung und Bauordnung der Stadt München in einer umfassenden *Szenarioanalyse* (Stadt München 2016) zusammen mit dem Fraunhofer Institut entwickelt hat und die sich auf unsere gesamte Zukunftsgesellschaft übertragen lassen.

Abbildung 30: Szenarien 2040+. Schlüsseltrends
Quelle: Münchner Forum 2017, S.16

Die negativen Implikationen, die mit einigen der aufgezeigten Schlüsseltrends verbunden sind (z.B. Soziale Polarisierung, Gesundheit als soziale Spaltung, Automatisierung von Arbeit, Ressourcenknappheit und Klimawandel), lassen sich möglicherweise unter Zuhilfenahme der Chancen und Ressourcen der ländlichen Regionen abfedern oder ausgleichen. Dazu bedarf es aber nicht nur eines Einsatzes technischer Werkzeuge zur digitalen Transformation von Prozessen im ländlichen Raum, sondern einer gesamtgesellschaftlichen Übereinkunft, Stadt und Land als Einheit zu sehen, die Vorteile jedes Siedlungskonzeptes für die Gesamtheit zu nutzen und die Nachteile nach Möglichkeit gegenseitig auszugleichen.

Die Akademie für Raumforschung und Landesplanung fordert hierzu eine *gesellschaftspolitische Diskussion über das künftige Niveau der Daseinsvorsorge,* wie auch die *Überprüfung und zielgruppenspezifische sowie räumlich differenzierte Weiterentwicklung von Fördersystematiken* und formellen sowie informellen Planungsinstrumentarien. Eine Bewältigung der Herausforderungen auch mithilfe der Digitalisierung setze, so die ARL, eine *Multi-Level-Governance-Strategie* im Sinne einer strategischen Abstimmung in ressortübergreifender Zusammenarbeit von Kommunal-, Regional-, Landes- und Bundesebene voraus (ARL 2016, S.II)

In der Auseinandersetzung mit der Fragestellung dieser Arbeit hat sich weiter gezeigt, dass das Postulat der Politik, nämlich überall „gleichwertige Lebensverhältnisse und Arbeitsbedingungen" - auch mithilfe der Digitalen Transformation - zu schaffen, in Frage zu stellen ist. Mit dem gleichen Recht, mit dem ein Dorfbewohner eine „Vollversorgung" hinsichtlich Nahversorgung, ÖPNV-Anbindung und Glasfaseranschluss fordert, könnte der Städter für sich auch reine Landluft, himmlische Stille und günstiges Bauland einklagen.

Nach Einschätzung des Verfassers wäre es besser, von „angemessenen Lebensverhältnissen" zu sprechen, die der jeweiligen Situation Rechnung trägt. Allerdings ergibt sich auch hier die Schwierigkeit, Indikatoren zu finden, an denen sich objektiv für jeden Lebensbereich und für jeden Menschen diese Zielerreichung festmachen lässt. Miosga spricht in seinem Gutachten für den Bayerischen Landtag zur *Räumlichen Gerechtigkeit* von vier „Gerechtigkeitsdimensionen", an denen sich die Politik mit ihren Gestaltungsmaßnahmen orientieren sollte: Verteilungs-, Chancen-, Verfahrens- und Generationengerechtigkeit, ergänzt um eine „subjektive Dimension von Lebenswirklichkeiten vor Ort" unter besonderer Berücksichtigung „vulnerabler Personengruppen". Er räumt aber ein, dass es derzeit weder ausreichendes Datenmaterial noch valide Verfahren gebe, um objektive Bewertungen über die tatsächlichen Verhältnisse vor Ort abgeben zu können (Koppers et. al. 2018, S.332ff).

Auch Küpper und Steinführer stellen fest, dass sich die Diskussion um den Abbau von Daseinsvorsorgeeinrichtungen stereotyp auf ausstattungsbezogene Dimensionen beschränke und dabei der subjektiven Betrachtung und Bewertung durch die Bevölkerung zu wenig oder keine Beachtung geschenkt werde. Sie zeigen, dass es in ländlichen Räumen sowohl Ausdünnungs- und Konzentrationsprozesse als auch auf der anderen Seite einen *aktiven Ausbau von Daseinsvorsorgeeinrichtungen in quantitativer und qualitativer Hinsicht* gebe und sich wahrgenommene *Verschlechterungen und Verbesserungen* der wohnortnahen Daseinsvorsorgeausstattung über alle Siedlungs- und Raumtypen hinweg nachweisen lassen (Küppers und Steinführer 2015).

In ihrer Untersuchung der Auswirkungen der Digitalisierungspolitik auf die Resilienz ländlicher Regionen kommt deshalb eine englische Studie unter anderem zu folgendem Ergebnis:

> „Digital policy was argued as needing to be incorporated into integrated, multi-sectoral approaches to rural development and community resilience; however, digital policy also acknowledged that rural areas need differential and appropriate strategies to digital diffusion and inclusion." (Roberts et. al 2017, S.382)

Und schließlich kann man auch *infrage stellen*, ob denn der „Bevölkerungsschwund" per se ein Problem ist, dem man mit allen Mitteln entgegnen muss! Schließlich gibt es zukünftig aufgrund Digitalisierung und Robotik möglicherweise weniger Arbeit, die auf die Menschen verteilt werden kann und geringere Bevölkerung bedeutet ja auch weniger Ressourcenverbrauch (zumindest theoretisch...), weniger Umweltbelastung und geringeren Wohnraumbedarf!

Ob es Sinn macht, jedes ehemalige Gehöft und jeden Kirchturm zu jedem Preis an das Glasfasernetz anzuschließen, kann ebenso in Frage gestellt werden wie die Sinnhaftigkeit, ein ansonsten leeres und gänzlich unattraktives Dorf, welches nur noch von ein paar „Alten" bewohnt ist, mithilfe von viel Geld und digitaler Technik am Leben zu halten. Möglicherweise wäre es sinnvoller, in eine neue Phase ländlicher „Flurbereinigung" sowie Gebietsreformen zu investieren, indem man - über Gemeinde- und Landkreisgrenzen hinweg - landesplanerisch neue Einheiten und Räume schafft, die langfristig und nachhaltig lebensfähig sind.

Die Akademie für Raumforschung und Landesplanung bemerkt dazu: „Sollte es in der Zukunft Regionen geben, in denen die Aufrechterhaltung der Mindestversorgung an Grenzen stößt (beispielsweise bei abgelegenen Weilern und

Einzelhöfen), ist eine koordinierte, planvolle Aufgabe von Siedlungen nicht grundsätzlich auszuschließen." (ARL 2106)

Miosga fordert in diesem Zusammenhang von Politik und Landesentwicklung „ein glaubwürdiges Zentrale-Ort-Konzept, das als raumstrukturelles Gerüst für die Bereitstellung von Dienstleistungen und Infrastrukturen der Daseinsvorsorge für Verteilungs- und Chancengerechtigkeit sorgen kann" (Koppers et. al. 2018, S.334).

Und auch Kaczorowski fordert beim Einsatz der Digitalisierung im ländlichen Raum eine enge Verzahnung mit der Entwicklung in Monopolregionen und der Städte mittlerer Größenordnung unter Koordination der Landesverwaltungen (Kaczorowski 2018).

Wie „urbane Kleinstädte" im ländlichen Raum als Einzugsgebiet fungieren können, die für periphere Räumen eine Entwicklungs- und Stabilisierungsfunktion übernehmen und Impulsgeber für die ganze Region werden (auch unter Einsatz der Digitalisierung, Anm.d.Verf.), das hat das Bundesamt für Bau-, Stadt- und Raumforschung in einer umfassenden Analyse untersucht und beschrieben (BBSR 2018).

Als eine Erkenntnis dieser Arbeit wurde deutlich, dass es „Probleme des ländlichen Raumes" als abgegrenztes Aufgabenspektrum nicht gibt. Jede Groß-, Mittel- und Kleinstadt und jede Großgemeinde und jedes Dorf hat zumindest in Teilen anders gelagerte Probleme, deren Lösung sich durch ein einheitliches Digitalisierungsmodell nicht erreichen lässt.

5.4.1 Cyber-Humanismus als digitaler Mindset des 21. Jahrhunderts

Das *Zukunftsinstitut* beschreibt in seiner 2016 veröffentlichten Studie *Digitale Erleuchtung* (Zukunftsinstitut 2016) die Notwendigkeit, dass unsere Gesellschaft ein ganzheitliches, systemisches Verständnis von Digitalisierung brauche, um digital handlungsfähig zu sein. „Erleuchtung" bedeute dabei den Abschied von der Verblendung, erzeugt von digitalen Hypes und Angst erzeugenden Hysterien sowie die Ausbildung einer neuen, ganzheitlichen Sicht auf die vernetzte Realität des 21.Jahrhunderts. Unsere Gesellschaft befinde sich inmitten eines epochalen Evolutionssprunges, in dem die digitale Vernetzung neue gesellschaftliche Strukturen schaffen. Die explodierenden

Kommunikationsmöglichkeiten erzeugen in dem neuen Level an Komplexität eine kreative Überforderung der Menschen, die den Blick für das Wesentliche trübe.

Um diese blinden Flecken im Sinne einer „Erleuchtung“ aufzuhellen, sei es elementar, Digitalisierung nicht mit Technologie gleichzusetzen, sondern umfassender als technologisch vernetzte Kommunikation, als soziotechnischen Prozess, zu verstehen. Da die digitalen Technologien eine immer wichtigere Rolle spielen, rücke der Mensch dabei ins Zentrum.

Um den Prozess der digitalen Transformation erfolgreich zu gestalten, brauche die Gesellschaft ein ganzheitliches Verständnis von Digitalisierung, das die vielschichtigen sozialen Implikationen und Effekte miteinbezieht. Nur mit einem solchermaßen ganzheitlichen und *„cyberhumanistischen“ Mindsets*, so das *Zukunftsinstitut*, ließen sich auch die Kompetenzen fördern, die in der digitalen Ökonomie erfolgsentscheidend sind.[174]

[174] entnommen am 25.120.128 bei https://www.zukunftsinstitut.de/artikel/digitalisierung/ein-neuer-blick-auf-digitalisierung/

6 Ausblick

6.1 Benchmarking für Smarte Städte und Regionen

Aber was sind denn dann die Maßstäbe, nach denen die digitalen „Intelligenzgrade" von urbanen und ruralen Zonen zukünftig zu beurteilen sind? Gibt es vielleicht sogar ein standardisiertes Ranking-Verfahren, nach dem sich eine Region mit anderen vergleichen kann und deren Anstrengungen, sich „smart" zu transformieren, zu einem öffentlichkeitswirksamen Wettbewerbsvorteil entwickeln lässt?

Ob und in welchem Ausmaß eine Stadt (oder eine Region) „smart" ist, dafür haben Lazaroiu und Roscia (2012) ein standardisiertes und sehr komplexes Bewertungsraster entwickelt, das einen Katalog mit sechs Hauptkriterien und einer Vielzahl gewichteter Ausprägungen enthält und mithilfe der Fuzzy-Logik für jede bewertete Stadt/Region einen objektiven Score berechnet und sich an das Smart City Wheel von Boyd Cohen (vgl. Kapitel 2.1) anlehnt (vgl. Tabelle 14).

Auch der Digital-Gipfel (firmierte bis 2017 unter „IT-Gipfel") im BMWi[175] erkennt zwischenzeitlich die Notwendigkeit des Ansatzes einer „lokalen Metrik", um den Entwicklungsstand bei der Digitalen Transformation in Städten und Regionen sichtbar zu machen. Man hat hierzu ein mehrdimensionales Koordinatensystem errichtet, das sich an der ISO/DTS 37151 *Smart community infrastructure - Principles and requirements for performances metrics*[176] orientiert (Nationaler IT-Gipfel 2015, S.16). Die Metrik sollte einerseits den gemessenen Grad an „Smartness" der Lebensrauminfrastruktur im Hinblick auf die Bedürfnisse der Bevölkerung aufzeigen, andererseits die Effizienz sowie die Effektivität der eingesetzten Mittel zum Erreichen des Grades bewerten (ebd., S.16). Da aber die zukünftigen Konzepte zur digitalen Transformation sich nicht mehr an einzelnen Räumen orientieren, interoperabel fungieren und deshalb nicht mehr „mit geografischen, demographischen, administrativen, industriesektoralen und technologischen Grenzen zusammenfallen" (eda., S.19), macht es eine objektivierbare Messung außerordentlich schwierig.

175 Bundesministerium für Wirtschaft und Energie

176 https://www.iso.org/obp/ui/#iso:std:iso:ts:37151:ed-1:v1:en

Kriterienkatalog für eine Smarte City/Region		
	Anzahl Indikatoren	Gewichtung
"Smarte" Wirtschaft		
Innovationsgeist	3	17%
Unternehmertum	2	17%
Ökonomische Image	1	17%
Produktivität	1	17%
Flexibilität des Arbeitsmarktes	2	17%
Internationale Beziehungen	3	17%
Summe	*12*	*100%*
"Smarte" Mobilität		
Lokale Verkehsinfrastruktur	3	25%
Internationale Erreichbarkeit	1	25%
Verfügbarkeit leistungsfähiger IuK-Infrastruktur	2	25%
Nachhaltiger, innovativer und sicherer ÖPNV	3	25%
Summe	*9*	*100%*
"Smarte" Umwelt		
Attraktivität der Natur	2	25%
Umweltverschmutzungen	3	25%
Umweltschutz	2	25%
Nachhaltiges Ressorcenmanagement	3	25%
Summe	*10*	*100%*
"Smarte "Bürger		
Ausbildungsgrad	4	14%
Bereitschaft zum lebenslangen Lernen	3	14%
Soziologische und ethnische Pluralität	2	14%
Flexibilität	1	14%
Kreativität	1	14%
Weltoffenheit	3	14%
Beteiligung am gesellschaftlichen Leben	2	14%
Summe	*20*	*100%*
"Smartes" Leben		
Kulturelle Einrichtungen	3	14%
Gesundheitsversorgung	4	14%
Individuelle Sicherheit	3	14%
Wohnqualität	3	14%
Schulische Einrichtungen	3	14%
Touristenattraktionen	2	14%
Sozialer Zusammenhalt	2	14%
Summe	*20*	*100%*
"Smarte" Verwaltung		
Gesellschaftliche Partizipation bei Entscheidungen	4	33%
Öffentliche und soziale Dienstleistungen	3	33%
Regierungs- und Verwaltungstransparenz	2	33%
Summe	*9*	*100%*

Tabelle 14: Kriterienkatalog für eine smarte City/Region / Quelle: eigene Darstellung, übernommen bei Lazaroiu und Roscia (2012), S.328

Zumindest empfiehlt man aber, die Aktivitäten der Städte und Regionen auf dem Weg zur digitalen Transformation im nachstehend aufgeführten Koordinatensystem (ebd., S.16) einzuordnen:

- *Raum:* Stadt, Stadtteil/Quartier, Verflechtungsraum Stadt-Land, ländlicher Raum. Wo sind die Projekte angesiedelt?
- *Domäne:* Energie, Gesundheit, Mobilität, Versorgung, Entsorgung, Handel, Sicherheit, Wasser/Abwasser, Industrie, Gebäude. In welcher Domäne sind die Projekte angesiedelt oder welche Domänen werden adressiert?
- *Technologie:* IKT, Sensoren, Energieversorgung, Smart Grid, Smart Home. Welche Technologie(en) wird/werden genutzt?
- *Stakeholder:* Gesellschaft, Bürger, Verwaltung, Unternehmen, Verein, Politik, Sozialer Sektor: Wer treibt oder organisiert die Initiative oder Lösung?
- *Reifegrad:* Idee, Forschungsergebnis, Prototyp, Produkt, Dienstleistung, Best Practice. Welchen Reifegrad hat die Lösung?

6.2 Fragenkatalog - teilstrukturiertes Interview

Bei der Betrachtung laufender oder „abgeschlossener" Digitalisierungsprojekte in Städten, Landkreisen, ländlich strukturierten Regionen und Dörfer überall in Deutschland fiel immer wieder auf, dass sehr häufig am Anfang die gute Idee einer digitalen Transformation eines Prozesses stand, der ein konkretes Problemfeld verbessern oder ganz auflösen oder eine Innovation auf den Weg bringen sollte. Mit dem geplanten Ende der – sehr häufig mit Fördergeldern finanzierten – Projektphase verliefen die Projekte aber dann sprichwörtlich „im Sande", bis sie an einem anderen Ort in ähnlichem Gewand in einem neu finanzierten Projekt mit anderen Beteiligten wieder auftauchten.

Dass dieser Umstand für alle Beteiligten unbefriedigend ist (sieht man vielleicht von den beauftragten Forschungsinstituten ab...), liegt auf der Hand. Darum wäre es wichtig zu erforschen, was die maßgeblichen Faktoren für Erfolg und Misserfolg von Digitalisierungsprojekten in der Praxis von Städten und Gemeinden sind. Deshalb wurde als erster Gedanke hierzu der nachfolgende Fragenkatalog entwickelt, der einen Einstieg in das Thema liefern könnte:

1. Welches Digitalisierungsprojekt war bzw. ist Ihr wichtigstes und warum?
2. Wie beschreiben Sie den aktuellen Stand?
3. Wie ist die Förderkulisse
4. Wie sah im Vorfeld des Projektes die Bedarfsanalyse aus? Welche maßgeblichen Interessenvertreter (Stakeholder) waren wie einbezogen?
5. Wie haben Sie Bevölkerungsgruppen einbezogen, die bisher noch keine Computererfahrungen hatten?
6. Wer war oder ist der Treiber für die Projekte?
7. Auf welches bereits existierende „analoge" System haben Sie sich bei der Projektkonzeption gestützt und welche bisher nicht-digitalen Angebote haben Sie einbezogen?
8. Hatten bzw. haben Sie für das obige Digitalisierungsprojekt einen Mehrjahresplan - eine Digitale Agenda? Wer überwacht den Plan? Wer unterstützt Sie dabei?
9. Gibt es Etappenziele für die Digitale Agenda und wie sehen diese aus?

10. Ist das von Ihnen geplante/realisierte Digitalisierungsprojekt mit anderen Problemstellungen in Ihrer Kommune bzw. mit anderen Digitalprojekten kombinierbar/interoperabel? Ist die Lösung skalierbar für Kommunen anderer Größe? Können andere Kommunen die Lösung mit wenig Aufwand übernehmen?
11. Wie ist die spezielle Digitalisierungslösung in ein modulares Gesamtkonzept Ihrer digitalen Kommune zu integrieren?
12. Wo sehen Sie konkrete Chancen, bei der Projektentwicklung mit anderen Kommunen zusammen zu arbeiten? Welche Probleme sind dabei zu meistern?
13. Wie beurteilen Sie die Langfristigkeit und Nachhaltigkeit Ihres Projektes? Wie geht es nach Abschluss der Pilotphase weiter?
14. Gibt es Digitalisierungsprojekte, die Sie als gescheitert beurteilen? Warum?

Allerdings hat sich auch gezeigt, dass es häufig schwierig ist, zu diesen Fragen auch valide Antworten zu erhalten. Folgende „Hürden" können sich dabei ergeben:

- Kommt man an den „richtigen" und kompetenten Ansprechpartner heran?
- Will man dort Information aus Konkurrenz-Befürchtungen nicht herausgeben?
- Fürchtet man, dass Informationen in die Öffentlichkeit gelangen, die das Projekt gefährden könnten?
- Will man die wahren Gründe des Scheiterns nicht preisgeben oder weiß sie vielleicht selbst nicht?
- Möchte man „Ärger" mit dem Fördergeber vermeiden und gibt deshalb keinen realen Einblick?
- Oder war die Qualität und/oder Implementierung des Projektes einfach unzureichend?

Quellenverzeichnis

acatech - Deutsche Akademie der Technikwissenschaften (2017): Innnovationsindikator 2017. München

Aichner T., Maurer O., Nippa M., Tonezzani S. (2019): Virtual Reality im Tourismus. Wie VR das Destinationsmarketing verändern wird. Springer Gabler, Wiesbaden

atene (2017): atene KOM GmbH: Digitalisation in rural areas. CORA – Connecting Remote Areas with digital infrastructure and service. Vortrag von Peyman Khodabakhsh auf dem Broadband World Forum (BBWF) 2017 in Berlin. Download am 13.11.18 unter https://atenekom.eu/messe-digitale-regionen/governmental-workshop/

ARL (2016) - Akademie für Raumforschung und Landesplanung (Hrsg.): Daseinsvorsorge und gleichwertige Lebensverhältnisse neu denken. Positionspapier # 108. URN: http://nbn-resolving.de/urn:nbn:de:0156-01086

Arnsberg (2015) – Stadt Arnsberg (Hrsg.): #ARNSBERGdigital als smarte Stadt digital gestalten. Download am 12.11.18 unter https://www.arnsberg.de/digitale-agenda/

Arthur D. Little (2017): Smart City. Der deutsche Smart-City Markt 2017-2022

Bär, Dorothee et al. (2016): Wie viel ist genug? Breitbandausbau in Deutschland, ifo Schnelldienst, ISSN 0018-974X, ifo Institut – Leibniz-Institut für Wirtschaftsforschung an der Universität München, München, Vol. 69, Iss. 20, S. 3-28

Bausback, C.; Ramsauer, H., Schonowski, J.; Witt, U.; Moritz, M. (2016): Arbeitsgruppe Mobilität. In: Internet & Gesellschaft Collaboratory e.V. (Hrsg.): Digitale Regionen. Aus dem Land, für das Land. Berlin, S.50-54

Bayerische Staatsregierung (2013): Landesentwicklungsplan Bayern (LEP) vom 01.09.2013. Download am 09.10.18 unter https://www.landesentwicklung-bayern.de

Bayerische Staatsregierung (2018a): Beschlüsse des Ministerrates in der Kabinettssitzung am 26.Juni 2018. Eingesehen am 05.10.2018 unter https://bayern.de/bericht-aus-der-kabinettssitzung-vom-26-juni-2018/

Bayerische Staatsregierung (2018b): Bayerisches Staatsministerium für Wirtschaft und Medien, Energie und Technologie (Hrsg.): Zukunftsstrategie Bayern Digital, München. Stand 20.Juli 2015

Bayerische Staatsregierung (2018c): Pakt für berufliche Weiterbildung 4.0. Download unter https://www.bayern.de/wp-content/uploads/2018/06/pakt-fuer-berufliche-weiterbildung-4.0.pdf

Bayerischer Gemeindetag (2017): Zeitschrift des Bayerischen Gemeindetages, Ausgabe 6/2017, download unter https://www.bay-gemeindetag.de/Informationen/ZeitschriftBayerischerGemeindetag.aspx

BBSR (2016) - Bundesamt für Bau-, Stadt- und Raumforschung (Hrsg.): Digitale Spaltung und ihre Bedeutung für die Stadtentwicklung, Bonn. ISBN 978-3-87994-609-9

BBSR (2017) - Bundesamt für Bau-, Stadt- und Raumforschung (Hrsg.):Smart City Charta. Digitale Transformation in den Kommunen nachhaltig gestalten, Bonn. ISBN: 978-3-87994-203-9

BBSR (2018): Bundesamt für Bau-, Stadt- und Raumforschung (Hrsg.): Urbane Kleinstädte. Bonn. ISBN: 978-3-87994-227-5

Becker, Anna et.al. (2018): Digital vernetzt oder lokal verbunden? Nachbarschaftsplattformen als Potenzial für sozialen Zusammenhalt und Engagement - ein Werkstattbericht. In: Franke, Silke und Magel, Holger (Hrsg.): Digitalisierung. Neue Plattformen für Beteiligung und Demokratie auf dem Land? Erschienen bei der Hanns-Seidel-Stiftung, Argumente und Materialien zum Zeitgeschehen, #108 (S.83-92)

Beckert, Bernd (2017): Ausbaustrategien für Breitbandnetze in Europa. Was kann Deutschland vom Ausland lernen. Bertelsmann-Stiftung (Hrsg.), 1.Auflage Mai 2017, Gütersloh

Beinrott, Victoria (2015): Bürgerorientierte Smart City - Potentiale und Herausforderungen. In: von Lücke, Jörn (Hrsg.): TOGI-Schriftenreihe, Band 12, 100 S.; Friedrichshafen

Bertelsmann (2017) – Bertelsmann Stiftung (Hrsg.): Smart Country – Vernetzt.Intelligent. Digital. Reinhard Mohn Preis 2017. Verlag Bertelsmann Stiftung. ISBN: 978-3-86793-784-9

Bertelsmann (2018) – Bertelsmann Stiftung (Hrsg.): Smart Health Systems. Digitalisierungsstrategien im internationalen Vergleich. Gütersloh. Download unter https://www.bertelsmann-stiftung.de/de/publikationen/buecher-und-studien/alle-publikationen/

Bertschek, Irene; Briglauer, Wolfgang (2018): Wie die Digitale Transformation der Wirtschaft gelingt, ZEW policy brief, No. 5/2018, Zentrum für Europäische Wirtschaftsforschung (ZEW), Mannheim bitkom (2016): Digitalisierung in der Landwirtschaft. Pressemitteilung vom 02.11.2016 mit Veröffentlichung der Befragungsergebnisse. Download am 05.11.18 unter https://www.bitkom.org/Presse/Presseinformation/Rasante-Digitalisierung-im-Stall-und-auf-dem-Acker.html

bitkom (2018): Jahresprogramm 2018. Arbeitskreis Smart City/Smart Region, eingesehen am 05.10.20148 unter https://www.bitkom.org/Bitkom/Organisation/Gremien/Smart-City-Smart-Region.html

BMAS (2017) - Bundesministerium für Arbeit und Soziales (Hrsg.): Weissbuch Arbeiten 4.0. Berlin. Download unter http://www.arbeitenviernull.de

BMEL (2016a) - Bundesministerium für Ernährung und Landwirtschaft: Ländliche Regionen verstehen. Fakten und Hintergründe zum Leben und Arbeiten in ländlichen Regionen. Download unter https://www.bmel.de/DE/Service/Publikationen/publikationen_node.html

BMEL (2016b) – Bundesministerium für Ernährung und Landwirtschaft: Bericht der Bundesregierung zur Entwicklung der ländlichen Räume 2016. Berlin. Download unter https://www.bmel.de/SharedDocs/Downloads/Broschueren/Regierungsbericht-Laendliche-Raeume-2016.pdf

BMEL (2017a) - Bundesministerium für Ernährung und Landwirtschaft: Presserklärung Nr.63 vom 20.Juli 2017: Breitband gehört zur Grundversorgung. Digitalisierung im ländlichen Raum, um wettbewerbsfähig zu bleiben. Download bei https://www.lifepr.de

BMEL (2017b) - Bundesministerium für Ernährung und Landwirtschaft: Digitalpolitik Landwirtschaft. Zukunftsprogramm: Chancen nutzen - Risiken minimieren. Berlin. Download am 24.10.18 unter https://www.bmel.de/DE/Service/Publikationen/publikationen_node.html

BMEL (2017c) - Bundesanstalt für Landwirtschaft und Ernährung: Bekanntmachung Nr. 11/17/32 über die Durchführung von Modell- und Demonstrationsvorhaben (MuD-Vorhaben). LandKULTUR – kulturelle Aktivitäten und Teilhabe in ländlichen Räumen.

BMLFUW (2017) – Österreichisches Bundesministerium für Land- und Forstwirtschaft, Umwelt und Wasserwirtschaft (Hrsg.): Masterplan ländlicher Raum; Wien. ISBN 978-3-903129-36-8

BMI (2018) - Bundesministerium des Inneren, für Bau und Heimat (Hrsg.): OZG-Umsetzungskatalog. Digitale Verwaltungsleistungen im Sinne des Online-Zugangsgesetzes, Berlin. ISBN 978-3-947660-00-1

BMVI (2016) - Bundesministerium für Verkehr und digitale Infrastruktur (Hrsg.): Regionalstrategie Daseinsvorsorge. Leitfaden für die Praxis. Berlin. Download unter http://www.regionale-daseinsvorsorge.de

BMVI (2018a) - Bundesministerium für Verkehr und digitale Infrastruktur (Hrsg.): Mobilität in Deutschland. Kurzreport. Verkehrsaufkommen - Struktur - Trends. Bonn.

Download am 17.10.18 unter http://www.mobilitaet-in-deutschland.de/pdf/infas_Mobilitaet _in_Deutschland_2017_Kurzreport_DS.pdf

BMVI (2018b) - Bundesministerium für Verkehr und digitale Infrastruktur (Hrsg.): Sicherung von Versorgung und Mobilität. Strategien und Praxisbeispiele für gleichwertige Lebensverhältnisse in ländlichen Räumen. Stand August 2018. Download unter http://www.modellvorhaben-versorgung-mobilitaet.de

BMVI (2018c) - Bundesministerium für Verkehr und digitale Infrastruktur (Hrsg.): Digitale Services in Kommunen. Eine Orientierungshilfe zu Technologien, Finanzierung und Beschaffung. Berlin. Download unter https://www.digitale-technologien.de

Bouée, Charles-Edouard; Schaible, Stefan (2015): Die Digitale Transformation der Industrie. Roland Berger Strategy Consultants und Bundesverband der Deutschen Industrie e. V., Berlin

Breuer, Jonas; Walravens, Nils; Ballon, Pieter (2014): Beyond defining the smart city - Meeting top-down and bottom-up approaches in the middle, in: TeMa - Journal of Land Use, Mobility and Environment, Special Issue Smart City - Plannung for energy, transportation and sustainability of the urban system. Neapel, S. 153-164

Briglauer, Wolfgang; Gugler, Klaus (2018): Go for gigabit? First evidence on economic benefits of (ultra-)fast broadband technologies in Europe, ZEW Discussion Papers, No. 18-020, Zentrum für Europäische Wirtschaftsforschung (ZEW), Mannheim

Bundesnetzagentur (2018a): Koalitionsentwurf mit Vergabe- und Auktionsregeln der Frequenzen für 5G. https://www.bundesnetzagentur.de/SharedDocs/Downloads/DE/Sachgebiete/Telekommunikaton/Unternehmen_Institutionen/Frequenzen/OffentlicheNetze/ Mobilfunk/DrahtloserNetzzugang/Mobilfunk2020/20180924_ Entscheidungsentwurf_III_IV_pdf.pdf?__blob=publicationFile&v=1, eingesehen am 03.10.2018

Bundesnetzagentur (2018b): Entscheidung der Präsidentenkammer vom 26.11.18 [...] über die Festlegungen und Regelungen für die Durchführung des Verfahrens (Auktionsregeln) zur Vergabe von Frequenzen in den Bereichen 2 GHz und 3,6 GHz. Aktenzeichen: BK1-17/001. Download unter https://www.bundesnetzagentur.de, eingesehen am 02.12.2018

Bundesregierung (2018): Pressemitteilung. Gemeinsam für gleichwertige Lebensverhältnisse in ganz Deutschland. Berlin am 18.Juli 2018. Eingesehen unter https://www.bmfsfj.de am 14.11.2018

Bundesstiftung Baukultur (2016): Baukulturbericht 2016/2017 Stadt und Land. Potsdam, https://www.bundesstiftung-baukultur.de/sites/default/files/medien/78/downloads/bbk_bkb-2016_17_low_1.pdf, eingesehen am 12.10.2018

Busl, Maximilian (2018): IHK-Training für die digitale Welt. In: Nordbayerischer Kurier, Ausgabe vom 15.11.2018, S.1

Cäsar, Estella und Wojtech, Annemarie (2017): Stadtleben vs. Landidylle - Die Herausforderungen in ländlichen Regionen. In: Fraunhofer-Institut für Integrierte Schaltungen IIS/ Technische Hochschule Deggendorf (Hrsg.), Atlas der Digitalisierung im ländlichen Raum. Digitales Dorf - Eine Mitmach-Initiative zur Förderung der Digitalisierung in Bayern. Nürnberg, S.21-40

Comtrade (2916) – Comtrade Digital Services Limited. Whitepaper: The Evolution of Mobility Services – from a substitute player to a game changer. Dublin. Download unter https://comtradedigital.com/wp-content/uploads/2016/09/Evolution-of-Mobility-Services-white-paper.pdf

connect (2018): Der große Mobilfunknetztest 2018, download am 27.11.18 unter https://www.p3-group.com/wp-content/uploads/2017/11/Netztest-connect-2018-01.pdf

Danielzyk, Rainer und Lobeck, Michael (2015): Digitale Stadt der Zukunft. Handlungsfelder für Kommunen. In: Demo-Impulse, Fachorgan der sozialdemokratischen Gemeinschaft für Kommunalpolitik (SGK). Sonderausgabe November 2015, Berlin. S.6-8. Download unter https://www.bundes-sgk.de/system/files/documents/impulse2_nov2015_final.pdf

DBV (2015) - Deutscher Bauernverband e.V. (Hrsg.): Situationsbericht 2015/16 Trends und Fakten zur Landwirtschaft, Berlin. Download unter https://www.bauernverband.de

Dengler, Katharina und Matthes, Britta (2018): Substituierbarkeitspotenziale von Berufen: Wenige Berufsbilder halten mit der Digitalisierung Schritt. (IAB-Kurzbericht, 04/2018), Nürnberg, 11 S.

Destatist (2017): Statistisches Bundesamt: Bildungsstand der Bevölkerung. Ergebnisse des Mikrozensus 2017

Deutscher Bundestag (2016): Antwort der Bundesregierung auf die Kleine Anfrage der Abgeordneten Markus Tressel, Dr. Konstantin von Notz, Tabea Rößner, weiterer Abgeordneter und der Fraktion Bündnis 90/Die Grünen. Drucksache 18/8059 vom 12.04.16

Deutscher Bundestag (2018): Wissenschaftlicher Dienst (Hrsg.): Aktuelle Klimaschutzziele auf internationaler, europäischer und nationaler Ebene. Nominale Ziele und Rechtsgrundlagen. AZ WD 8 - 3000 - 009/18 vom18.01.18. Download unter https://www.bundestag.de

Deutscher Landkreistag (2018): Der digitale Landkreis. Herausforderungen - Strategien - Gute Beispiele. Schriften, Band 138. Berlin. Download unter https://www.landkreistag.de/

Digital-Gipfel (2017a): Plattform Innovative Digitalisierung der Wirtschaft - Fokusgruppe Intelligente Vernetzung (Hrsg.): Intelligente Städte und Regionen in Deutschland. Handreichung zur Umsetzung der digitalen Transformation. https://deutschland-intelligent-vernetzt.org/app/uploads/2017/07/20170612_DIV-Handreichung-Intelligente-Staedte-und-Regionen.pdf

Digital-Gipfel (2017b): Plattform Innovative Digitalisierung der Wirtschaft - Fokusgruppe Intelligente Vernetzung (Hrsg.): Fitness- und Healthcare-Wearables. Einfluss auf Gesundheit und Gesellschaft. Download unter www.deutschland-intelligent-vernetzt.org am 25.10.18

Digital-Gipfel (2018): Die Wirtschaftsvertreter der Fokusgruppe Intelligente Vernetzung im nationalen Digital-Gipfel (Hrsg.): Arbeitsprogramm 2018. Download am 20.09.18 unter https://deutschland-intelligent-vernetzt.org/downloads/

DIVSI (2016a) - Deutsches Institut für Vertrauen und Sicherheit im Internet: BIG DATA. Hamburg. Download am 22.09.2018 unter https://www.divsi.de

DIVSI (2016b) - Deutsches Institut für Vertrauen und Sicherheit im Internet: DIVSI Internet-Milieus 2016. Die digitalisierte Gesellschaft in Bewegung. Hamburg. Download am 20.09.2018 unter https://www.divsi.de

DIVSI (2016c) – Deutsches Institut für Vertrauen und Sicherheit im Internet: Ü60-Studie. Die digitalen Lebenswelten der über 60-Jährigen in Deutschland. Hamburg. Download am 07.11.18 unter https://www.divsi.de

Doran, Georg T. (1981): There's a S.M.A.R.T. way to write management's goals and objectives. In: Management Review, 70. Jg., Nr. 11, 1981, S. 35–36

Drago, Beatrix und Ritzinger, Anne (2017): Coworking-Spaces im ländlichen Raum. Chancen für innovative Leerstandnutzung durch Arbeiten 4.0 !? (S.71-83). In: Bayerische Akademie ländlicher Raum e.V. (Hrsg.): Impulse zur Zukunft des ländlichen Raums in Bayern. München

DStGB (2014) - Deutscher Städte- und Gemeindebund: Open Data in Kommunen. Positionspapier herausgegeben gemeinsam mit dem KGSt und Vitako. https://www.dstgb.de/dstgb/Homepage/Publikationen/Positionspapiere/

DStGB (2018) - Deutscher Städte- und Gemeindebund: Magazin Stadt und Gemeinde Digital, Ausgabe 03/2018

van Dijk, Jan und van Deursen, Alexander (2014): Digital Skills. Unlocking the Information Society. Palgrave Macmillan, New York. ISBN 978-1-349-49370-8

Dreyer, Malu (2015): Grußwort. In: Arend, H. und Troeger-Weiß, Gabi (Hrsg.): Starke Wirtschaft – Starke Regionen. S.13

dwif (2018) - dwif-Consulting GmbH &dwif e.V.: Wirtschaftsfaktor Tourismus für Franken 2017. München.

Eichler, Alexandra und Pötzl, Andreas (2017): eNurse – ein Telemedizinprojekt. Verlag MSD Gesundheit

Engelhardt, Karin (2016): Vier Thesen zur Rolle der Kommunen. In: Internet & Gesellschaft Collaboratory e.V. (Hrsg.): Digitale Regionen. Aus dem Land, für das Land. Berlin, S.48f

Estonia (2014): Ministry of Economic Affairs and Communications (Hrsg.): Digital Agenda for Estonia 2020. Download unter https://www.mkm.ee/sites/default/files/ digital_ agenda_2020_estonia_engf.pdf

Estonia (2018): Estonia Government (Hrsg.): e-Estonia Guide. Download unter https://e-estonia.com/wp-content/uploads/eestonia-guide-2018.pdf

European Commission (2018): Smart Villages. BLED DECLARATION for a Smarter Future of the Rural Areas in EU. https://ec.europa.eu/info/news/european-commission-supports-call-smarter-future-rural-areas-2018-apr-13_en, eingesehen am 05.10.2018

Fabling, Richard und Grimes, Arthur (2016): Picking up speed: Does ultrafast broadband increase firm productivity? Motu Economic and Public Policy Research, Working Paper 16-22. Abgerufen von http://motu-www.motu.org.nz

Falck, Oliver und Mazat, Andreas (2016): Breitbandausbau in Deutschland. Need for Speed?. In: ifo-Institut: ifo-Schnelldienst Ausgabe 20/2016. München; S.26.28. Download unter https://www.cesifo-group.de/de/ifoHome/publications/journals/ifo-Schnelldienst.html

FES (2018) – Friedrich Ebert Stiftung (Hrsg.): Mobilität im ländlichen Raum sichern. Perspektive entwickeln, Identität ermöglichen, Freiräume schaffen, Kostenwahrheit angehen. WISO-Diskurs 08/2018, download unter http://library.fes.de/pdf-files/wiso/14213-20180316.pdf

Fraunhofer (2017): Fraunhofer-Institut für Integrierte Schaltungen IIS/ Technische Hochschule Deggendorf (Hrsg.): Atlas der Digitalisierung im ländlichen Raum. »Digitales Dorf« – Eine Mitmach-Initiative zur Förderung der Digitalisierung in Bayern. Nürnberg.

Fraunhofer IESE (2016): Digitale Dörfer – Abschlussbericht für zwei Testregionen in Rheinland-Pfalz. https://www.digitale-doerfer.de/wp-content/uploads/2017/11/E6.4-Abschlussbericht- Digitale-Dörfer.pdf, download am 20.10.2018

Fraunhofer-Gesellschaft (2018): Warum Smart City? Entnommen von: https://www.morgenstadt.de/de/projekte/smart_city.html, eingesehen am 03.10.2018

Frehe, V.; Teuteberg, F.; Ickerott, I. (2016): IKT als Enabler für soziale Innovationen in Smart Rural Areas – Das Alter im ländlichen Raum hat Zukunft. In: Nissen et. al. (Hrsg.): Multikonferenz Wirtschaftsinformatik, Band 2, TU Ilmenau. S.631-642; ISBN 978-3-86360-132-4

Gollner, Sabine (2018): Abschlussbericht zum Modellprojekt „Kommunikations- und Prozessmanagement zum Aufbau eines Coworking-Spaces in der ILE Gesundheit-Fichtelgebirge". Bad Berneck. Dokument nicht öffentlich zugänglich.

Gollner, Sabine und Uckley, Martin (2018): Kreative Szene und digitale Plattformen auf dem Land. In: Franke, Silke und Magel, Holger (Hrsg.): Digitalisierung. Neue Plattformen für Beteiligung und Demokratie auf dem Land? Erschienen bei der Hanns-Seidel-Stiftung, Argumente und Materialien zum Zeitgeschehen, #108 (S.93-102)

Haderlein, Andreas (2018): Local Commerce. Wie Städte und Innenstadthandel die digitale Transformation meistern. Eigenverlag, Frankfurt. ISBN: 978-3-00-058854-9

Hafner, Sabine und Miosga, Manfred (2014): Gesellschaftliche Megatrends und die Notwendigkeit zur Transformation. In: Miosga, Manfred; Hafner Sabine (Hrsg.): *Regionalentwicklung im Zeichen der Großen Transformation*. München: Oekom, S. 13-44

Hawking, Stephen (2018): Kurze Antworten auf große Fragen. Klett-Cotta, ISBN: 978-3-608-96376-2

Heinemann, Gerrit (2018): Der stationäre Handel im digitalen Zeitalter. Springer Gabler, Wiesbaden. ISBN: 978-3-658-15861-3

Helbing, Dirk (2018): Towards Digital Enlightment. Essays on the Dark and Light Sides of the Digital Revolution. Springer. ISBN: 978-3-319-90868-7

Hentschel, Philipp (2016): Coworking als wichtigstes und zentrales Handlungsfeld. In: Internet & Gesellschaft Collaboratory e.V. (Hrsg.): Digitale Regionen. Aus dem Land, für das Land. Hintergrundbericht. Berlin, S.36-37

Heß, Anne und Polst, Svenja (2017): Bertelsmann Stiftung (Hrsg.): Mobilität und Digitalisierung. Vier Zukunftsszenarien. 1.Aufl.2017. Gütersloh

Höhn (2018): Höhn Consulting GmbH (Hrsg.): Best-Practice-Analyse. Digitale Gemeinde - Innovative Bürgerservices im ländlichen Raum. 229 S. Download unter http://hoehn-consulting.de

IAB (2018) - Institut für Arbeitsmarkt- und Berufsforschung (IAB) der Bundesagentur für Arbeit (Hrsg.): IAB-Kurzbericht Nr.9, Nürnberg. 12 S.

IESE (2015): Fraunhofer-Institut für Experimentelles Software Engineering. Presseinformation vom 17.03.2015: Landleben 2.0: geht nicht? - Geht doch! Download am 03.11.18 unter https://www.iese.fraunhofer.de

iit (2017) - Institut für Innovation und Technik in der VDI / VDE Innovation + Technik GmbH: Chancen und Risiken einer auf das Internet der Dienste und Dinge gestützten Entwicklung von technischen Infrastrukturen zur kostengünstigen und ressourcenschonenden Erfüllung oder Verbesserung von Umweltstandards – Eine Konzeptstudie am Beispiel der Landeshauptstadt Schwerin und ihres Umlandes. Download am 03.12.18 unter https://www.bmu.de

iit (2018a) - Institut für Innovation und Technik: Zukunftsradar Digitale Kommune. Ergebnisbericht zur Umfrage 2018. Deutscher Städte- und Gemeindebund (DStGB) Hrsg. Berlin

iit (2018b) - Institut für Innovation und Technik in der VDI / VDE Innovation + Technik GmbH (Hrsg.): Smart Service Welt. Innovationsberichte 2018. Berlin.

Initiative D21 (2017/2018): D21 Digital Index. Jährliches Lagebild zur Digitalen Gesellschaft. Berlin.

Innogy (2018): Smart Country - Intelligente Netzkonzepte für den ländlichen Raum. Präsentation auf der Website https://iam.innogy.com/ueber-innogy/innogy-innovation-technik/smart-grids/smart-country, eingesehen am 23.10.18

ISEK (2017) - Integriertes Städtebauliches Entwicklungskonzept Bindlach. Gemeinde Bindlach (Hrsg.) vom 18.12.2017. Download unter http://www.bindlach.de

Jensen, Hans (2018): Zukunft Digitalisierung: Der Wettlauf zum Weltbetriebssystem. Eigenverlag, ASIN: B075QKDNKM

Kaczorowski, Willi (2017): Neue digitale Daten für die Entwicklung smarter Städte und Regionen. Bertelsmann-Stiftung (Hrsg.), Gütersloh

Kaczorowski, Willi (2018): Der nächste Schritt: Smartes Land. Blogbeitrag unter https://smartestadt.wordpress.com, eingesehen am 21.10.2018

Kaczorowski, W. und Swarat, G. (2018): Smartes Land - von der Smart City zur Digitalen Region. Innovators Club, erschienen im Verlag Hülsbusch. ISBN 978-86488-136-7

Kopf, Wolfgang (2016): In: Bär, Dorothee et al. (2016) : Wie viel ist genug? Breitbandausbau in Deutschland, ifo Schnelldienst, ISSN 0018-974X, ifo Institut – Leibniz-Institut für Wirtschaftsforschung an der Universität München, Vol. 69, Iss. 20, S. 11-13

Knopp, Anke und Paderta, Damian (2016): Facing Fears. In: Internet & Gesellschaft Collaboratory e.V. (Hrsg.): Digitale Regionen. Aus dem Land, für das Land. Berlin, S.38-44

Koppers, L.; Miosga, M.; Sträter, D.; Höcht, V. (2018): Räumliche Gerechtigkeit – Konzept zur Herstellung gleichwertiger Lebensverhältnisse und Arbeitsbedingungen in ganz Bayern. Download am 23.10.18 unter https://www.bayern.landtag.de

Ksoll, W.; Schildbauer, T.; Beck, A. (2017): Open Data – Wertschöpfung im digitalen Zeitalter. Erschienen bei der Bertelsmann-Stiftung, Gütersloh. 48 Seiten. Download unter https://www.bertelsmann-stiftung.de/de/publikationen/publikation/did/open-data-wertschoepfung-im-digitalen-zeitalter/

Krug, Steve (2014): Don't make me think!: Web & Mobile Usability: Das intuitive Web. Verlag mitp; 3.überarbeitete Auflage. ISBN: 978-3826697050

Küpper, Patrick, und Steinführer, Annett (2017). Daseinsvorsorge in ländlichen Räumen zwischen Ausdünnung und Erweiterung: ein Beitrag zur Peripherisierungsdebatte. Europa Regional, 23.2015(4), 44-60. http://nbn-resolving.de/urn:nbn:de:0168-ssoar-53589-9

Landkreis Coburg (2013): MORO Aktionsprogramm regionale Daseinsvorsorge. Handlungsempfehlungen aus den Arbeitskreisen. Download am 24.10.18 unter http://coburgerland-im-wandel.de/media/ 13180_lkc_0125_ moro_handlungsempfehlungen_ansicht.pdf

Lazaroiu, Georg C., & Roscia, Mariacristina (2012): Definition methodology for the smart cities model. Elsevier-Journal Energy, 47(1), 326–332. doi:10.1016/j.energy.2012.09.028

Lesch, Harald (2018): Digitalisierung – endlich machen wir uns selbst überflüssig. In: Franke, Silke und Magel, Holger (Hrsg.): Digitalisierung. Neue Plattformen für Beteiligung und Demokratie auf dem Land? Erschienen bei der Hanns-Seidel-Stiftung, Argumente und Materialien zum Zeitgeschehen, #108 (S.17-23)

Libbe, Jens (2014): Standpunkt: Smart City: Herausforderung für die Stadtentwicklung. In: Deutsches Institut für Urbanistik (Hrsg.): Difu-Berichte 2/2014. 2–3.

Lloret, J., Canovas, A., Sendra, S., & Parra, L. (2015): A smart communication architecture for ambient assisted living. In: IEEE Communications Magazine, 53(1), S.26–33. doi:10.1109/mcom.2015.7010512

Lobek, Michael (2017): Digitale Zukunft auf dem Land. Wie ländliche Regionen durch die Digitalisierung profitieren können. Erschienen im Verlag Bertelsmann Stiftung, Gütersloh. 24 Seiten. Download unter https://www.bertelsmann-stiftung.de/de/publikationen/buecher-und-studien/empfehlungen/

Lutze, Maxie und Weiß, Christine (2016): Versorgung und Pflege im digitalen Sozialraum. In: Wittpahl, Volker (Hrsg.): iit-Themenband Digitalisierung. Springer Verlag, S.155-164. ISBN: 978-3-662-52853-2

Mainka, Christian (2016): Interview. In: Internet & Gesellschaft Collaboratory e.V. (Hrsg.): Digitale Regionen. Aus dem Land, für das Land. Berlin, S.72

Maas, Marco (2017): Leben und Arbeiten digital. Big Data, Smart Country - das vernetzte Zuhause. In: Bertelsmann Stiftung (Hrsg.): Perspektive Smart Country - Wie digitale Transformation unser Leben verändert. Gütersloh, S.8-9

Micus (2018): Micus Strategieberatung GmbH (Hrsg.): Die Bedeutung des Breitbandausbaus von Gewerbegebieten für Standortattraktivität und Unternehmenserfolg. Eine empirische Analyse. 44 S. Düsseldorf

Miosga, Manfred (2016): Megatrend Smart Cities. Spaltet die digitale Revolution Stadt und Land?. In: AKDB-Report - Magazin für kommunale Verwaltungen und Unternehmungen (Hrsg.). 29.Jahrgang, 03/2016. München, S.16-19

Miosga, Manfred (2017a): Die digitale Transformation – Herausforderung für die Kommunen. In: Standpunkte. Online Magazin des Münchner Forum – Diskussionsforum für Entwicklungsfragen e.V.; Ausgabe 5.2017, S. 5 -6

Miosga, Manfred (2017b): Zur Fortschreibung des Landesentwicklungsprogramms Bayern. Wachsende Aufgaben und sinkende Handlungsfähigkeit (S.9-17). In: Bayerische Akademie ländlicher Raum e.V. (Hrsg.): Impulse zur Zukunft des ländlichen Raums in Bayern. München

Muller, Tiffany (2018): Einsatz von Voice Search im SEA. Veröffentlicht am 31.10.2018 unter https://www.onlinesolutionsgroup.de/blog/voice-search-sea/

von Mörner, Moritz (2018): Sammelverkehre mit autonomen Fahrzeugen im ländlichen Raum. Unv. Dissertation an der TU Darmstadt. https://tuprints.ulb.tu-darmstadt.de/7483/

Münchner Forum (2017): Standpunkte. Online-Magazin 05/2017. Download unter https://muenchner-forum.de

Münchner Kreis 2017 - Übernationale Vereinigung für Kommunikationsforschung e.V. (Hrsg.) Zukunftsstudie Band 5. Zur Zukunft der Mobilität 2025+

Nationaler IT-Gipfel (2014): Anforderungen an die digitale Infrastruktur für intelligente Mobilität. Strategiepapier Arbeitsgruppe 8. Hamburg

Nationaler IT-Gipfel (2015): Fokusgruppe Intelligente Vernetzung/Projektgruppe Smart Cities/Regions: Intelligente Städte und Regionen in Deutschland - Aufruf zur digitalen Transformation.

Nationaler IT-Gipfel (2016): Fokusgruppe intelligente Vernetzung (Hrsg.): Digitalpolitische Empfehlungen für den Weg in die Legislaturperiode 2017–2021 (Koalitionsverhandlungen). https://deutschland-intelligent-vernetzt.org/app/uploads/2016/02/ 180124_FG2_127_Legislaturperiode_Empfehlungen_V2.pdf

Nationaler IT-Gipfel (2017): Fokusgruppe intelligente Vernetzung (Hrsg.): Aufruf zur Legislaturperiode 2017-2021. Zukunft wird vor Ort gemacht. Was wir jetzt für Intelligente Vernetzung in Städten und Regionen tun müssen. https://deutschland-intelligent-vernetzt.org/app/uploads/2017/07/20170609_DIV-Aufruf-Legislatur-2017-2021.pdf

Nöll, Florian (2017): Smart Country - der ländliche Raum und Regionen als Chance für Gründer. In: Bertelsmann Stiftung (Hrsg.): Perspektive Smart Country - Wie digitale Transformation unser Leben verändert. Gütersloh, S.33-35

Nüssel, Manfred (2018): Landwirtschaft 4.0 - die Waffe gegen Hunger und Umweltzerstörung. In: Bär, C; Grädler, T.; Mayr, R. (Hrsg.): Digitalisierung im Spannungsfeld von Politik, Wirtschaft, Wissenschaft und Recht. S.343-363. Springer-Verlag, ISBN 978-3-662-55719-8

Oberfranken Offensiv e.V. (2018): Ausschreibungsunterlagen: Erstellung einer Machbarkeitsstudie und Projektbegleitung „Digitaler Dorfladen“ vom 05.Juni 2018. Eingesehen unter https://www.demographie-oberfranken.de/wAssets/docs/Digitaler-Dorfladen/Ausschreibung-Digitaler-Dorfladen-05.06.2018.pdf

Österreichischer Städtebund (2017) und KDZ Zentrum für Verwaltungsforschung: Big Data und Österreichs Städte. Download unter http://kdz.eu/de/big-data

O'Neil, Cathy (2016): Weapons of Math Destruction: How Big Data Increases Inequality and Threatens Democracy. ISBN: 978-0553418811

PCAST - The President's Council of Advisors on Science and Technology (2016): Report to the President. Technology and the Future of Cities. Entnommen am 04.10.2018 unter https://www.whitehouse.gov/sites/whitehouse.gov/files/images/Blog/PCAST%20Cities%20Report%20_%20FINAL.pdf

Quantum Research (2018): Grenzenlose Mobilität. Die Bedeutung von Pendlerströmen für die Immobilienmärkte. Focus No.28, Hamburg, eingesehen am 12.10.2018 unter https://www.quantum.ag/fileadmin/user_upload/2018_08_01_QU-FOCUS_NO28_Mail.pdf

Quitterer, Gerald (2018): Regulierung und Selbstbestimmung. Eröffnungsvortrag zum 77. Bayerischen Ärztetages am 26.10.2018. 3 S., Nürnberg. Download unter http://www.blaek.de

Regierung von Oberfranken (2015): Statistik zur Altersstruktur am 31.12.2015, Basis Zensus 2011. https://www.regierung.oberfranken.bayern.de/imperia/md/content/regofr/oberfranken/daten/ofr_statistik_05_altersstruktur.pdf , eingesehen am 07.10.2018

Rein, Hartmut, und Schuler, Alexander (2012): Tourismus im ländlichen Raum. In: Rein, H. und Schuler, A. (Hrsg.): Tourismus im ländlichen Raum, S.3-10. Springer-Gabler, Wiesbaden. ISBN: 978-3-8349-3820-6

Reiners, Markus (2017): E-Voting in Estland. Vorbild für Deutschland? In: Bundeszentrale für Politische Bildung (Hrsg.): 67. Jahrgang, 38–39/2017, S.33-38. Download unter https://www.bpb.de/system/files/dokument_pdf/APuZ_2017-38-39_online.pdf

Roberts, E.; Anderson, B.A.; Skerratt, S.; Farrington, J. (2017): A review of the rural-digital policy agenda from a community resilience perspective. In: Journal of Rural Studies #54, S.372-385. http://dx.doi.org/10.1016/j.jrurstud.2016.03.001

Rohs, Matthias und Hellriegel, Jan (2015): E-Learning als Chance für die berufliche Bildung. In: Arend, H. und Troeger-Weiß, Gabi (Hrsg.): Starke Wirtschaft – Starke Regionen. S.108-111

Rügheimer, Hannes (2018): 7 Mythen zu 5G - Die Wahrheit über das Netz der Zukunft. Abgerufen am 03.10.2018 von https://intelligente-welt.de

Russ, Martin und Tausz Karin (2015): Mobilität als Service. Nutzerorientierung als Paradigma zwischen Markt und öffentlicher Grundvorsorge". e&i Elektrotechnik und Informationstechnik 7/2015. 404–408.

Schallmo, Daniel R.A. (2. Aufl. 2018): Jetzt digital transformieren. So gelingt die erfolgreiche digitale Transformation Ihres Geschäftsmodells. Springer-Verlag. ISBN: 978-3-658-14569-9

Schneider, Martin (2017): Zauberwort „Resilienz"? Was der Begriff meint und was er mit Nachhaltigkeit zu tun hat (S.85-29). In: Bayerische Akademie ländlicher Raum e.V. (Hrsg.): Impulse zur Zukunft des ländlichen Raums in Bayern. München

Schwertel, Markus (2017): Smarte Regionen - Von Smart Country zu SMEZZ-Country? In: Bertelsmann Stiftung (Hrsg.): Perspektive Smart Country - Wie digitale Transformation unser Leben verändert. Gütersloh, S.28-29

Stadt München (2017) - Referat für Stadtplanung und Bauordnung (Hrsg.): Zukunftsschau München 2040+. Ergebnisse eines Szenario-Prozesses. Download unter https://www.muenchen.de

Steinführer, Annett (2016): Living in a Small Town. An Urban and a Rural Experience at Once. In: Carlow, V.M., Institute for Sustainable Urbanism (Hrsg.): Ruralism. The Future of Villages and Small Towns in an Urbanizing World, S.40-55. Berlin

stern (2017): Interview mit Sigmar Gabriel, veröffentlicht am 04.02.2017 in der Ausgabe 05/2017 des Magazins *stern*. Download am 06.11.18 unter https://www.stern.de/politik/ deutschland/sigmar-gabriel---das-ruecktrittsinterview-aus-dem-stern-7312372.html

Stiftung Digitale Chancen (Hrsg. 2017): Digital mobil im Alter. So nutzen Senioren das Internet. Zentrale Befunde einer Studie. Berlin

StMWi (2011) - Staatsministerium für Wirtschaft, Energie und Technologie (Hrsg.): Nahversorgung in Bayern. Bedeutung – aktuelle Situationen – Alternativen. München. Download am 10.10.18 unter https://www.stmwi.bayern.de

StMWi (2018) - Staatsministerium für Wirtschaft, Energie und Technologie (Hrsg.): Digitale Einkaufsstadt Bayern. Abschlussbericht 2018. München. Download am 23.10.18 unter https://www.stmwi.bayern.de

Sträter, Detlev (2017): Editorial in: Münchner Forum (Hrsg.): Smart City - Standpunkte. Online-Magazin 05/2017. https://muenchner-forum.de/wp-content/uploads/2017/05/ Standpunkte_05_2017.pdf

Thünen-Institut für ländliche Räume (2017): Abgrenzung und Typisierung ländlicher Räume. Thünen Working Paper 68, Braunschweig. Eingesehen am 15.10.2018 unter https://literatur.thuenen.de/digbib_extern/dn057783.pdf

Townsend, Anthony M. (2013): Smart Cities: Big Data, Civic Hackers, and the Quest for a New Utopia. WW Norton & Co. New York, London. ISBN: 978-0393082876

Tröger-Weiß, Gabi (2017): Vortrag im Rahmen der Tagung „Digitale Daseinsvorsorge und Nachhaltigkeit" am 14.Juni 2018 in Stendal/Sachsen Anhalt. Download der Folienpräsentation am 01.10.18 unter https://digital.sachsen-anhalt.de

UNWTO (2015) - World Tourism Organization: Methodological Notes of the Tourism Statistics Database, Madrid. Download am 05.11.18 unter https://www.e-unwto.org

Wagner, Anja und Karosser, Ernst (2016): Arbeitsgruppe Bildung und Lernen. In: Internet & Gesellschaft Collaboratory e.V. (Hrsg.): Digitale Regionen. Aus dem Land, für das Land. Berlin, S.55-58

Walravens, Nils; Breuer, Jonas; Ballon, Pieter (2014): Open Data as a Catalyst for the Smart City as a Local Innovation Platform. In: Communications & Strategies, Nr. 96, 4.Quartal 2014, S.15-32

Weiß, C.; Stubbe, J.;Naujoks, C.; Weide.S (2017): Digitalisierung für mehr Optionen und Teilhabe im Alter. Erschienen bei der Bertelsmann Stiftung, Gütersloh. 50 S. Download unter https://www.bertelsmann-stiftung.de/de/publikationen/buecher-und-studien/empfehlungen/

Wichmann, Thorsten und Terfrüchte, Thomas (2017): Smart Country regional gedacht –Teilräumliche Analysen für digitale Strategien in Deutschland. Bertelsmann Stiftung (Hrsg.), Gütersloh, 1. Auflage 2017

Williger, Bettina und Wojtech, Annemarie (2018a): Digitalisierung im ländlichen Raum. Status Quo & Chancen für Gemeinden. Fraunhofer-Arbeitsgruppe (im IIS) für Supply Chain Services SCS (Hrsg.), Nürnberg

Williger, Bettina und Wojtech, Annemarie (2018b): Digitales Dorf Steinwald-Allianz - Chancen der Digitalisierung nutzen, Herausforderungen vorbeugen. In: Franke S. und Magel H. (Hrsg.): Digitale Dörfer - Chance für Beteiligung und Demokratie? Argumente und Materialien zum Zeitgeschehen, (S.107-115). Hanns-Seidel-Stiftung, München

Wrede, Britta (2017): Digital konkret. Mehr Qualität für mitdenkende Technik - vom interaktiven Sessel bis zum Roboter Floka. In: Bertelsmann Stiftung (Hrsg.): Perspektive Smart Country - Wie digitale Transformation unser Leben verändert. Gütersloh, S.15-17

Yang, H.; Lee, W.; Lee,H (2018): IoT Smart Home Adoption: The Importance of Proper Level Automation. Journal of Sensors. Artikel-ID 6464036, 11 S. https://doi.org/10.1155/2018/6464036.

Zukunftsinstitut (2016): Zukunftsinstitut GmbH (Hrsg.): Digitale Erleuchtung. Alles wird gut. Frankfurt. ISBN: 978-3-945647-32-5

www.ingramcontent.com/pod-product-compliance
Lightning Source LLC
La Vergne TN
LVHW102231300926
849160LV00006B/91